MEMÓRIAS AMAZÔNIDAS EM ESCAVAÇÕES

OCUPAÇÃO E MODOS DE VIDA ENTRE RIOS E FLORESTAS MARAJOARAS

CB015173

Editora Appris Ltda.
1.ª Edição - Copyright© 2023 da autora
Direitos de Edição Reservados à Editora Appris Ltda.

Catalogação na Fonte
Elaborado por: Josefina A. S. Guedes
Bibliotecária CRB 9/870

C837m 2023	Costa, Eliane Miranda Memórias amazônidas em escavações : ocupação e modos de vida entre rios e florestas marajoaras / Eliane Miranda Costa. – 1. ed. – Curitiba : Appris, 2023. 157 p. ; 23 cm. – (Ciências sociais). Inclui referências. ISBN 978-65-250-5165-9 1. Cultura material – Pará. 2. Memória. 3. Mapuá, Rio (PA). 4. Marajó, Arquipélago de (PA). I. Título. II. Série. CDD – 981.15

Livro de acordo com a normalização técnica da ABNT

Appris editora

Editora e Livraria Appris Ltda.
Av. Manoel Ribas, 2265 – Mercês
Curitiba/PR – CEP: 80810-002
Tel. (41) 3156 - 4731
www.editoraappris.com.br

Printed in Brazil
Impresso no Brasil

Eliane Miranda Costa

MEMÓRIAS AMAZÔNIDAS EM ESCAVAÇÕES

OCUPAÇÃO E MODOS DE VIDA ENTRE RIOS E FLORESTAS MARAJOARAS

FICHA TÉCNICA

EDITORIAL	Augusto Coelho
	Sara C. de Andrade Coelho
COMITÊ EDITORIAL	Marli Caetano
	Andréa Barbosa Gouveia - UFPR
	Edmeire C. Pereira - UFPR
	Iraneide da Silva - UFC
	Jacques de Lima Ferreira - UP
SUPERVISOR DA PRODUÇÃO	Renata Cristina Lopes Miccelli
ASSESSORIA EDITORIAL	Nathalia Almeida
REVISÃO	Ana Carolina de Carvalho Lacerda
PRODUÇÃO EDITORIAL	Bruna Holmen
DIAGRAMAÇÃO	Andrezza Libel
CAPA	Eneo Lage
REVISÃO DE PROVA	William Rodrigues

COMITÊ CIENTÍFICO DA COLEÇÃO CIÊNCIAS SOCIAIS

DIREÇÃO CIENTÍFICA Fabiano Santos (UERJ-IESP)

CONSULTORES
- Alícia Ferreira Gonçalves (UFPB)
- Artur Perrusi (UFPB)
- Carlos Xavier de Azevedo Netto (UFPB)
- Charles Pessanha (UFRJ)
- Flávio Munhoz Sofiati (UFG)
- Elisandro Pires Frigo (UFPR-Palotina)
- Gabriel Augusto Miranda Setti (UnB)
- Helcimara de Souza Telles (UFMG)
- Iraneide Soares da Silva (UFC-UFPI)
- João Feres Junior (Uerj)
- Jordão Horta Nunes (UFG)
- José Henrique Artigas de Godoy (UFPB)
- Josilene Pinheiro Mariz (UFCG)
- Leticia Andrade (UEMS)
- Luiz Gonzaga Teixeira (USP)
- Marcelo Almeida Peloggio (UFC)
- Maurício Novaes Souza (IF Sudeste-MG)
- Michelle Sato Frigo (UFPR-Palotina)
- Revalino Freitas (UFG)
- Simone Wolff (UEL)

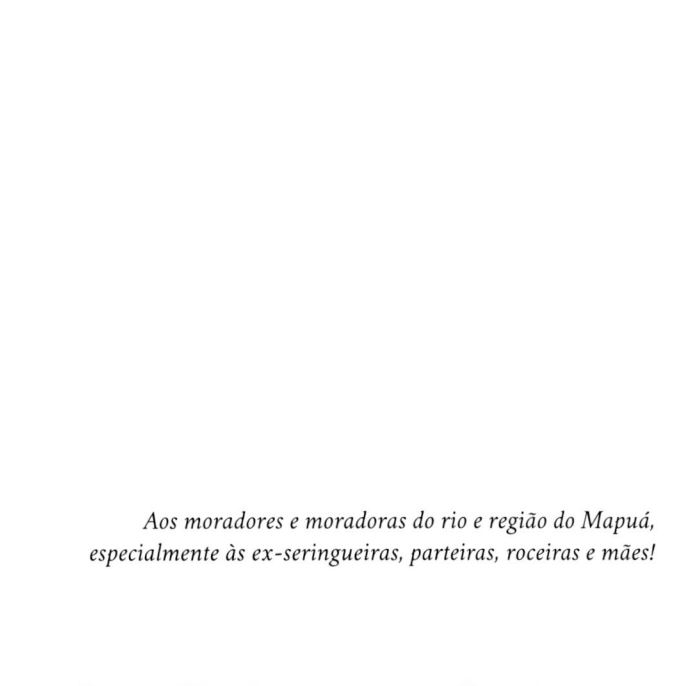

Aos moradores e moradoras do rio e região do Mapuá,
especialmente às ex-seringueiras, parteiras, roceiras e mães!

AGRADECIMENTOS

Se é na sutileza
Que reside a exuberância
Busco ressonância
Nos ideais do amor.
(O Teatro Mágico!)

Foi buscando ressonância nos ideais do amor, como fala a letra da música d'O Teatro Mágico, que entre o medo, angústias, tristezas e incertezas costurei esta narrativa, que reúne histórias, memórias e saberes de diferentes intelectuais da floresta e da ciência, como também traduz a soma de um sonho, um desejo acadêmico que para ser vivido e materializado contou com muitas gentes queridas que se tornaram fonte, ponte, alicerces em cada dificuldade. A tod@s expresso aqui minha imensa gratidão!

Ao meu pai, Nazareno Costa, e minha mãe, Gerça Miranda, pelo constante apoio e amor; aos meus irmãos e irmã, Nazareno, Nicias e Nazaré, pelo companheirismo e união; à Nicole Sofia e Nicolas, amores da tia, pelos afagos e distrações necessárias. Às primas Jéssica Cavalcante e Iraíde Silva, pelos inúmeros favores que sempre fizeram.

Ao Diogo Costa, orientador que com seus indispensáveis "pitacos" ajudou-me a superar os inúmeros obstáculos acadêmicos; ao Agenor Sarraf, co-orientador e amigo, pelos ensinamentos e inspiração; aos professores@s do PPGA Fabiano Gontijo, Flávio Barros, Rosa Acevedo Marin e Edna Castro, pelos conhecimentos e saberes partilhados para além da academia. À Helena Lima e Denise Schaan (*in memoriam*), pelas valiosas sugestões no aprimoramento desta pesquisa.

À Ana Smith, Vivianne Nunes, Dione Leão, Sônia Amaral, Leonildo Guedes e Joel Pantoja, pela companhia e partilha de saberes no doutorado. À Cristiana Matos, Cleide Matos, João Marcelino Pantoja, Jeferson Otoni, Natamias Lima, Alberto Lacerda e Carlos Pantoja, pelo apoio em diferentes momentos dessa trajetória acadêmica. À UFPA, em especial ao PPGA, pela oportunidade de fazer parte de um dos maiores programas de pós-graduação em Antropologia do país, e ao Campus Universitário do Marajó Breves, pelo indispensável apoio durante as inserções no campo de pesquisa.

Aos moradores e moradoras do rio Mapuá, por me "adotarem" e confiarem em partilhar suas lembranças, saberes, tempos, sonhos e esperanças. E, principalmente, a Deus, por sua proteção, cuidado e presença constante na minha vida. Ele é aquele que me aquece, sustenta e guarda o tempo todo. É o meu refúgio, alívio e calmaria. Na feitura deste trabalho, e em todos os momentos, Deus foi o meu primeiro e último socorro. Sem sua misericórdia e amor, nada em minha vida seria possível.

Se vivemos em um mundo em que a realidade é culturalmente construída, temos que tentar mostrar como se geram socialmente as formas de cultura.

(BARTH, 2000, p. 126)

PREFÁCIO

RE-EXISTÊNCIA MAPUÁ NO CORAÇÃO DO MARAJÓ

> *A arqueologia herda a terra; quase todos os lugares guardam escombros*
> *e embalam lembranças de incontáveis acontecimentos passados.*
> *(LOWENTHAL, 1998, p. 149)*

Compreender o passado por meio das inquietações do presente é um dos grandes desafios e artes das humanidades. Historiadores e antropólogos, para focalizar as áreas de minha atuação, estão entre os profissionais que mais se esforçam para entender, por meio de múltiplas memórias escritas, orais, visuais, materiais e virtuais, travessias humanas e não humanas e o modo como a cultural material e imaterial, rituais e simbolizações desses agentes sociais, ganham significações específicas em tempos e lugares historicamente determinados.

Assim, operando com rastros, fragmentos, retalhos, restos, pistas, sinais da latente vida humana que "re-existem"[1] em não serem esquecidos, apagados ou para sempre sepultados do tempo, esses artesãos do saber acadêmico, motivados pelo desejo inicial de se compreender no mundo e depois aprender e compartilhar descobertas científicas sobre variadas realidades regionais, lançam-se a desafiadoras aventuras de estudo de temáticas caras à História, Antropologia e Arqueologia Social e Cultural.

O arquipélago de Marajó é por excelência uma região simbólica, atraente, imaginada, que apesar de vir sendo documentada por cronistas, viajantes, cientistas, literatos, jornalistas, cineastas, fotógrafos, do século XVII em diante, segue aberta a compreensões mais profundas, como suas águas claras e barrentas, de suas socialidades, geograficidades, historicidades. A despeito de o nome *Marajó* despertar visões e leituras nem sempre representativas do ângulo e sentidos atribuídos pelos próprios marajoaras e por aqueles que convivem, conhecem e estudam a região em longa temporalidade, ela está sempre na crista da onda comunicacional. Fala-se mais do que se sabe dos modos de vida, formas de luta, saberes, cosmologias, artes, sociabilidades e conflitos praticados pelas gentes de campos e florestas.

---

[1] A inspiração vem da perspectiva dos intelectuais decoloniais latino-americanos para quem o existir manifesta sua força e renovação na resistência e luta diária em defesa de suas cosmologias, patrimônios físicos e sensíveis (ALBÁN ACHINTE, 2013).

Região tradicional que participou e enfrentou a expansão colonialista portuguesa no Vale Amazônico a partir de 1616, as inúmeras nações indígenas da antiga Ilha Grande de Joanes protagonizaram no encontro do rio-mar, no corredor do rio Pará e, especialmente, estreito de Breves, novas lutas contra a colonialidade de seus territórios, corpos e sensibilidades (MIGNOLO, 2003; LANDER, 2005).

Patrimônio brasileiro e maior arquipélago fluviomarinho do planeta, essa Amazônia Marajoara, constituída atualmente por 16 municípios[2], foi tecida em suas paisagens físicas, imaginárias e sociais, em escala oriental e ocidental, do sul ao norte, antes da presença europeia, pelas sabedorias, cosmovisões, interesses, batalhas reveladas e desencadeadas por dois grandes grupos ou nações indígenas distintas: Aruã e Nheengaíba[3].

De acordo com Rafael Ale Rocha (2018, p. 72), os Aruã, formados por diversos grupos humanos, pertencentes ao tronco linguístico aruaque, habitavam o lado oriental da chamada "Ilha de Joanes (Marajó), o Cabo Norte (Amapá) e arredores", interagiram ao longo do século XVII "com os mais diversos indivíduos e/ou grupos – portugueses, ingleses, holandeses, franceses, negros, mestiços, outros indígenas". Já os Nheengaíba, no lado ocidental, formados por 29 nações indígenas diferentes, enfrentaram as armas coloniais por mais de três décadas, até a assinatura do Tratato de Paz, no alto rio Mapuá, entre os anos de 1659 a 1660, representada do lado português pelo padre Antônio Vieira, e do lado marajoara, pelo cacique Piyé Mapuá, representante da federação de sete cacicados (Anajá, Aruã, Camboca, Guaianá, Mamaianá, Mapuá, Piixi-Pixi) (PEREIRA, 2005; SARRAF-PACHECO, 2010; COSTA, 2019).

O desejo de estudar os Marajós pelos próprios marajoaras se fortaleceu a partir de meados de 1980, com o nascedouro e visionário projeto de interiorização da Universidade Federal do Pará (UFPA)[4], visando a formar em nível superior moradores dos municípios do Pará que não conseguiam disputar uma vaga no processo seletivo da capital do estado. Em 1987, Soure realizava seu primeiro vestibular para os cursos intervalares de Matemática, História, Geografia, Pedagogia e Letras. Em 1990, era Breves que ofertava vagas para a 1ª turma de História. De lá para cá, Soure e Breves conquistaram autonomia administrativa e passaram a construir experiências de formação de professores, pesquisadores e profissionais que contribuíram para o desenvolvimento regional.

---

[2] Os 16 municípios que compõem os Marajós em suas duas faces são: *Marajó dos Campos:* Soure, Salvaterra, Chaves, Ponta de Pedras, Muaná, Cachoeira do Arari e Santa Cruz do Arari; *Marajó das Florestas:* Breves, Afuá, Anajás, Portel, Melgaço, Bagre, São Sebastião da Boa Vista, Curralinho e Gurupá.

[3] Para saber melhor acerca de sentidos e críticas no uso do termo, ver: (SARRAF-PACHECO, 2010).

[4] Sobre o Projeto de Interiorização, histórias e memórias, conferir (FONTES, 2012).

No veio dessa história está meu contato com Eliane Miranda Costa como aluna do curso de Licenciatura Plena em Pedagogia no Campus de Breves em 2003, quando fui convidado pelo professor e coordenador da época, Carlos Élvio, para ministrar a disciplina Pesquisa Educacional. Ali percebi o brilho de seus olhos para a pesquisa e o ensino. Quase uma década depois, em 2012, tive a alegria e grata surpresa de ser convidado por Eliane para participar de sua banca de defesa da dissertação de mestrado em Educação na Universidade do Estado do Pará. E no vai e vem das águas que levam marajoaras de Portel, Melgaço e Breves para Belém, reencontramo-nos e a incentivei a se inscrever na ousada seleção de doutorado em Antropologia em 2014, realizada no Campus de Breves, pelo Programa de Pós-Graduação em Antropologia da UFPA. Depois de queimar pestana e descobrir caminhos de como guinar da Educação à Antropologia e daí à Arqueologia, Eliane fez a seleção, foi aprovada, realizou densa e extensa pesquisa para a feitura de sua tese, defendida com excelência em 2018, com o título "Memórias em Escavações: Narrativas de Moradores do Rio Mapuá sobre os Modos de Vida, Cultura Material e a Preservação do Patrimônio Arqueológico (Marajó, PA, Brasil)".

Nesses caminhos das lembranças, uma nova década se passou, Eliane Costa foi aprovada em concurso público federal para o Campus de Breves, doutorou-se, participou de inúmeros eventos acadêmicos locais, regionais, nacionais e internacional, publicou em anais de eventos, revistas científicas nacionais, organizou coletâneas de textos, escreveu capítulos em livros, orientou e examinou diversas monografias de conclusão de curso. Enfim, mergulhou na complexidade, grandeza e desafios da vida acadêmica no arquipélago de Marajó.

Na tecelagem e cruzamento dessas memórias pessoais com a história regional marajoara, na condição de professor e co-orientador da tese de doutorado que agora vem a público em formato de livro, focalizando os capítulos "Uma arqueologia do lugar: histórias e memórias do rio Mapuá em narrativas" e "A cultura material da floresta: narrando lembranças e memórias do passado", a felicidade, sentimento diariamente perseguido, mas só momentaneamente vivido, invade o ambiente dessas escrevivências.

Convido, então, você, leitor(a), para uma viagem em temporalidades, memórias e outros espaços marajoaras. O itinerário pega carona na canoa de homens e mulheres do rio Mapuá para auscultar vozes, paisagens e histórias da vila Amélia e comunidade Nossa Senhora das Graças, vila e comunidade Santa Rita, vila e comunidade Nossa Senhora de Nazaré. Nesses territórios de sociabilidades e lutas plurais, populações das águas e florestas interagem com crenças em Jesus, santos, encantados e outras espiritualidades.

Os capítulos desvendam uma ciência da floresta na ótica dos mapuaenses. Por esses termos, apreendemos o lugar, os objetos, as coisas, as pessoas, seu modo de vida e a relação com o meio ambiente e a ocupação humana na Amazônia Marajoara. Brota das memórias e da terra o cemitério indígena e os variados vestígios arqueológicos em espaços das comunidades. A pesquisadora, fundamentada na hermenêutica da Arqueologia Pós-Processual, Arqueologia Etnográfica e História Oral, apreende representações que os habitantes constroem dos vestígios e suas influências na reconstrução de passados compostos, bem como sentidos e significados ancestrais e atuais.

Cruzando História, Antropologia e Arqueologia, Eliane mapeou e cartografou expressões da cultura material da floresta, topou com objetos identificados como do tempo dos cabanos e do período da borracha. Igualmente, apreendeu narrativas de materialidades não humana para revelar a indissociabilidade de mundos visíveis e sensíveis na ótica desses povos tradicionais da floresta marajoara.

O Mapuá e a poderosa Vila Amélia, possível espaço do Tratado de Paz de 1659/60, emergem neste seminal e importante livro, escrito por uma mulher, professora e pesquisadora marajoara, como terra-coração, útero da história, capítulo fundamental para entender a colonização do ocidente marajoara e a tensa re-existência, pelos fios de lembranças, das colonialidades atualizadas, envolvendo populações locais, elites políticas, econômicas e religiosas. É chegada a hora de embarcar no casco dos ribeirinhos do Mapuá. Almejo que ao final da viagem a multiplicidade de memórias escavadas por Eliane Costa se conecte à sua história pessoal e social, caro leitor(a), e a partir daí, ajude-nos a ser porta-voz das trajetórias de nossa gente, suas formas, engenharias e sabedorias de vida.

Agenor Sarraf Pacheco
Doutor em História Social (PUC-SP)
Professor do Programa de Pós-Graduação em
História Social da Amazônia (PPHIST/UFPA)

REFERÊNCIAS

ALBÁN ACHINTE, A. Pedagogías de la re-existencia. Artistas indígenas y afrocolombianos. *In*: WALSH, C. (org.). *Pedagogías decoloniales*: prácticas insurgentes de resistir, (re)existir y (re)vivir. (Tomo I). Quito: Ediciones Abya-Yala, 2013. p. 443-468.

COSTA, E. M. No rastro da tradição oral: a cultura material nas vozes de povos tradicionais da Amazônia marajoara. *História Oral*, v. 22, n. 1, p. 11-30, jan./jun. 2019.

FONTES, E. J. Memória e história da interiorização da UFPA: quando a memória constrói uma história coletiva. *Fronteiras:* Revista Catarinense de História [on-line], Florianópolis, n. 20, p. 93-114, 2012.

LANDER, E. (org.). *A colonialidade do saber:* eurocentrismo e ciências sociais – perspectivas latino-americanas. Tradução de Júlio César Casarin Barroso Silva. Buenos Aires: Consejo Latinoamericano de Ciencias Sociales – CLACSO, 2005.

LOWENTHAL, D. Como conhecemos o passado. *Projeto História*, São Paulo, v. 17, p. 63-201, novembro de 1998.

MIGNOLO, W D. *Histórias Locais/Projetos Globais:* Colonialidade, saberes subalternos e pensamento limitar. Tradução de Solange Ribeiro de Oliveira. Belo Horizonte: UFMG, 2003.

PEREIRA, J. V. Em entrevista a Lílian Leitão – O acordo que sela a conquista lusitana. *Amazônia em Outras Palavras*. IPAR – Instituto de Pastoral Regional, n. 13, Belém, p. 35-37, dezembro/2005.

ROCHA, R. A. Os aruã: políticas indígenas e políticas indigenistas na amazônia portuguesa (século XVII). *Revista Brasileira de História & Ciências Sociais* – RBHCS, v. 10, n. 19, p. 72-93, jan./jun. 2018.

PACHECO, A. S. A Conquista do Ocidente Marajoara: índios, portugueses e religiosos em reinvenções históricas. *In:* SCHAAN, D. P.; MARTINS, C. P. (org.). *Muito Além dos Campos:* arqueologia e história na Amazônia Marajoara. Belém: GKnoronha, 2010, p. 11-30.

APRESENTAÇÃO

Em um diálogo constante entre a teoria e a prática, ou entre a bibliografia e o campo, a autora Eliane Miranda Costa nos presenteia com uma obra encantadora sobre o "Marajó das Florestas", conforme chama o professor Agenor Sarraf. Trata-se de parte de um trabalho mais complexo, mas que mergulha fundo na memória e história escrita e oral de uma população que vive no limiar entre a terra e a água, e constantemente entre o passado e o presente num pedaço da gigantesca Amazônia brasileira.

Este livro é um verdadeiro tesouro para aqueles que desejam entender melhor a rica história e cultura da região amazônica do Brasil. A obra é um mergulho profundo na vida e na memória da população que habita o Marajó, uma região única e milenar. Combinando os conhecimentos da bibliografia com as experiências vividas no campo, a autora nos leva em uma jornada envolvente pela história e cultura das pessoas que vivem no Marajó das Florestas, explorando suas tradições, crenças e modos de vida.

Com uma linguagem acessível e envolvente, Eliane Costa nos apresenta a riqueza e a complexidade da região de forma clara e concisa. Ela mergulha fundo na memória e história escrita e oral dos habitantes, destacando a sua relação com a terra e com a água, além de evidenciar a constante interação entre o passado e o presente que caracteriza essa região. Dessa forma, esta obra é um verdadeiro tributo à rica cultura da região amazônica do Brasil. É uma contribuição inestimável para a compreensão da história e do povo do Marajó das Florestas, e uma leitura imperdível para todos aqueles interessados na riqueza e complexidade da Amazônia brasileira.

Em tempos atuais, em que transformações globais ocorrem em apenas alguns instantes, e que partículas minúsculas como um vírus atingem a todas e todos, sensibilizar-se com um espaço e tempo nada bucólicos, mas completamente distantes, não é para tod@s. Por isso, a obra de Eliane Costa se torna tão singular ao rever conceitos academicamente estáticos em realidades totalmente dinâmicas, como nesse imenso arquipélago fluvial. É este embrenhar pelas florestas, navegar pelos rios, comer açaí recém batido, que dão a tessitura de um texto que não só segue a métrica fielmente, mas ao mesmo tempo também a relativiza.

No mundo acelerado de hoje, com mudanças rápidas e repentinas ocorrendo a todo momento, pode ser difícil para algumas pessoas se conectarem com espaços e tempos que parecem distantes e fora do alcance. No entanto, a presente obra é capaz de superar essa barreira, tornando-se uma leitura única e singular que desafia conceitos acadêmicos estáticos e oferece uma visão dinâmica e autêntica de um arquipélago fluvial pouco explorado. Eliane Costa nos guia por uma jornada emocionante que nos faz sentir como se estivéssemos embrenhando nas florestas e navegando pelos rios da região, experimentando a vida cotidiana dos habitantes e descobrindo suas tradições e cultura. É por meio de experiências sensoriais e da boa escrita que a autora consegue dar vida ao seu texto.

Ao longo do livro, Eliane desafia nossas suposições e amplia nossos horizontes, oferecendo uma nova perspectiva de uma região pouco conhecida e compreendida. Por meio de sua pesquisa e exploração do campo, a autora consegue quebrar os estereótipos e oferecer uma visão mais profunda e autêntica da vida dos habitantes da região, levando-nos a refletir sobre as conexões entre o passado e o presente, o local e o global. A obra é, assim, uma leitura indispensável para todos aqueles que desejam compreender a complexidade e a riqueza da Amazônia brasileira. A habilidade da autora de rever conceitos acadêmicos em uma realidade dinâmica, combinada com sua linguagem acessível e rica em experiências sensoriais, tornam sua obra uma contribuição inestimável para a compreensão da história e cultura da região.

A obra em mãos é dividida em dois capítulos, de um lado (re)conta as estórias da história do rio Mapuá por meio dos seus principais interlocutores, ou seja, a população nativa e ribeirinha; e de outro, escuta o silêncio ensurdecedor de uma materialidade pulsante, mas invisível legada à floresta. Esse duplo ato de tradução, na mais bela diretriz Boasiana, é uma ação antropológica e arqueológica sobre o patrimônio cultural e material de uma sociedade que se forjou integralmente amazônida ao longo de séculos.

O verdadeiro valor desta obra está na habilidade da autora de traduzir e dar voz a essas histórias e objetos. Como uma verdadeira antropóloga e arqueóloga, Eliane é capaz de ir além dos meros fatos e relatos e oferecer uma visão mais profunda e autêntica da cultura e da história da região. Sua abordagem delicada e cuidadosa nos permite acessar uma riqueza de conhecimento e compreensão, não apenas sobre a região do rio Mapuá, mas sobre a Amazônia como um todo. Dessa forma, a obra de Eliane Costa é uma contribuição inestimável para a compreensão da cultura e da história da região amazônica. Sua abordagem delicada e cuidadosa, combinada com sua habilidade de (re)contar histórias e dar voz a objetos e artefatos, torna sua obra uma leitura obrigatória para todos aqueles que desejam aprofundar sua compreensão da região e de suas culturas únicas e fascinantes.

O que o livro revela então não é só o resultado de uma pesquisa que se iniciou acadêmica, mas um compromisso intelectual e social com uma comunidade que viu passar muita coisa, mas muito pouco foi vista pelos outros. E as marcas desses conflitos para além da memória estão fisicamente dispersas em um território que une, mas que também exige muito das suas pessoas. "Pense globalmente, aja localmente" é um mantra que vem sendo usado em diversas áreas do conhecimento, mas que encontra aqui um bom exemplo, pois o trabalho de Eliane Costa é parte de uma história bem maior e que tem muito ainda para ser escrita.

Este livro transcende a mera produção acadêmica, constituindo-se em um verdadeiro compromisso intelectual e social com a comunidade retratada. A autora se empenha em dar voz às histórias e memórias dos nativos e ribeirinhos do rio Mapuá, que por tanto tempo foram negligenciados e invisibilizados. Mas a obra não se limita a isso: ela revela as tensões e conflitos que permeiam a relação entre a sociedade e o meio ambiente na Amazônia brasileira, uma região marcada pela exploração e degradação ambiental e pela luta constante dos povos tradicionais pela preservação de seus modos de vida.

Ao adotar uma abordagem que valoriza a escuta e o diálogo, Eliane Costa reforça a importância do pensamento crítico e da ação local na construção de soluções para problemas globais. Seu trabalho é uma contribuição valiosa para a construção de uma história mais justa e plural, que considere as múltiplas vozes que compõem a sociedade brasileira e as complexas relações entre seres humanos e meio ambiente. O livro, portanto, é uma leitura fundamental para todos aqueles interessados em compreender as dinâmicas sociais e ambientais que moldam a Amazônia brasileira e em contribuir para a construção de um futuro mais justo e sustentável para todos.

Portanto, pesquisar pelo Mapuá é viver experiências e é com base nessas experiências vividas que a autora estabelece não só uma relação direta com tudo e tod@s, mas também conosco, os seus leitores. Fica aqui então o convite, de se adentrar pelas páginas, navegar nas narrativas, e se deliciar com o texto e as imagens. Evocando não somente um passado que é sempre vivo, mas também desvelando um presente que não está morto, ambos materializados nas nossas coisas e até em alguns coisos do dia a dia.

Por fim, a pesquisa de Eliane Costa pelo rio Mapuá é muito mais do que um estudo acadêmico, é uma experiência de vida. A autora não apenas pesquisa a história e as tradições da população nativa e ribeirinha, mas vive e compartilha suas experiências com eles. Isso se reflete na forma como ela escreve e nos aproxima das personagens e dos lugares que ela descreve em suas páginas. Ao ler este livro, somos convidados a nos juntar a ela nessa jornada e explorar o território do rio Mapuá junto com seus habitantes. Por meio de suas narrativas, somos apresentados a um mundo vibrante e diverso, que muitas vezes é invisível aos olhos de quem não vive lá. A autora não se limita a descrever o passado, mas também mostra como essa história continua a impactar o presente. As imagens que acompanham o texto são um convite adicional para nos envolvermos com a história e a paisagem do rio Mapuá. Este livro nos permite viajar para uma parte do Brasil que muitos não conhecem, e é uma leitura fascinante para todos aqueles que desejam explorar novas culturas e diferentes formas de viver a vida.

Belém, 16 de fevereiro de 2023

Prof. Dr. Diogo Menezes Costa

Ph.D. em Antropologia pela Universidade da Flórida - FL/USA
Professor do Programa de Pós-Graduação em Antropologia - PPGA/UFPA
Professor do Programa de Pós-Graduação em Ciências do Patrimônio Cultural
- PPGPATRI/UFPA

SUMÁRIO

Arquipélago de Marajó

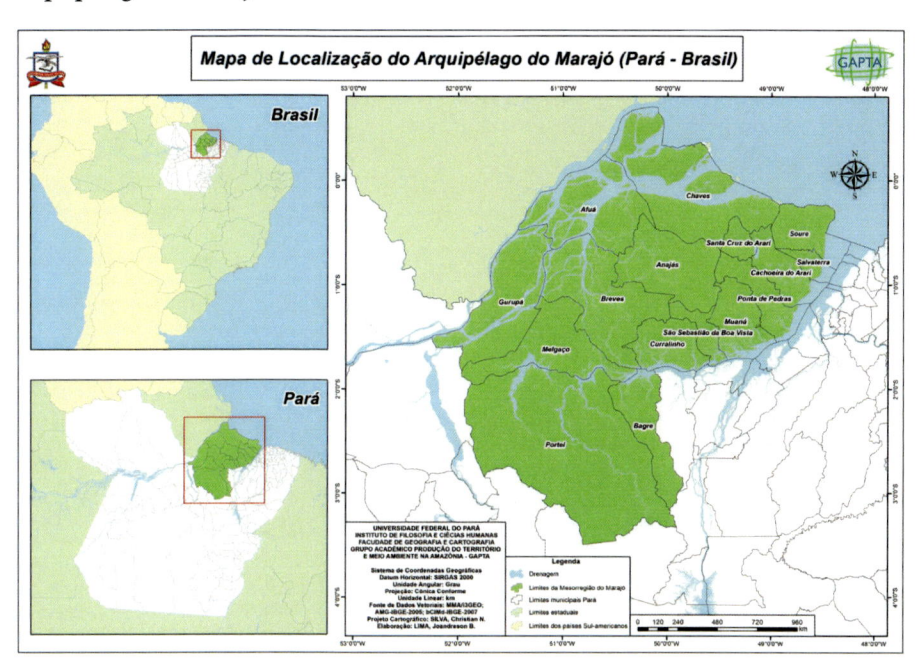

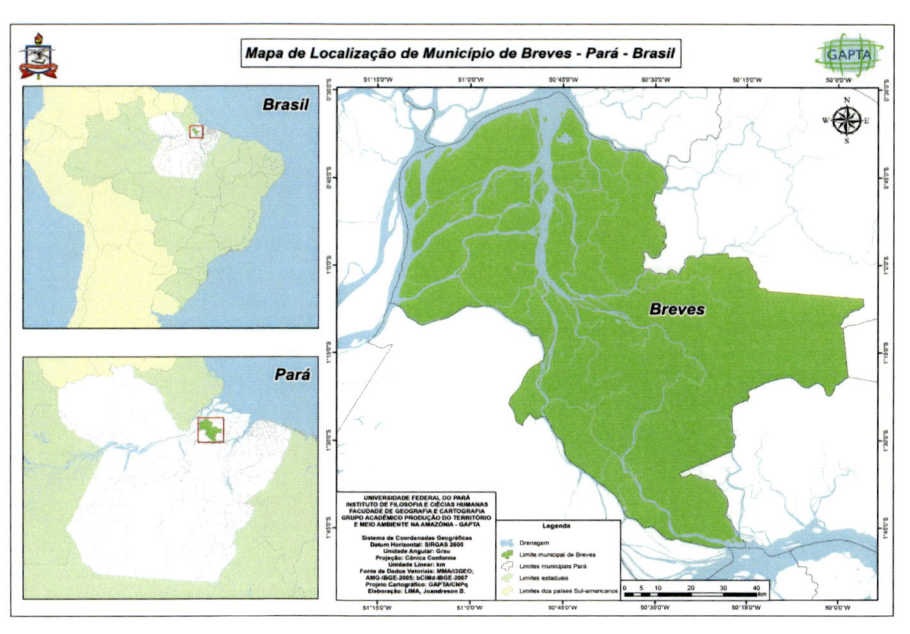

1

INTRODUÇÃO: DA ESCOLHA DO OBJETO À "ESCAVAÇÃO" DA MEMÓRIA!

> *Lá, onde o poderoso rio encontra o mar, há alguns milhares de anos, formou-se um conjunto de ilhas que, nessa região de superlativos, é o maior arquipélago que se tem notícias.*
> (SCHANN, 2009a, p. 10)

O livro socializa aspectos históricos da ocupação humana no arquipélago de Marajó, especificamente da área de floresta, a partir de vivências, memórias culturais e materialidade de moradores do rio Mapuá e área por ele banhada no município de Breves, estado do Pará. O Mapuá é um dos rios mais extensos de Breves, suas margens e floresta guardam histórias, memórias e vestígios de distintas temporalidades, significativas para compreendermos o processo de ocupação humana nesse arquipélago.

Nas palavras da arqueóloga Denise Schaan (1962-2018), "os primeiros habitantes deste arquipélago foram pequenos grupos de populações dedicadas à pesca e à coleta de moluscos, que viveram na costa ao longo de alguns rios há cerca de cinco mil anos" (SCHAAN, 2009a, p. 34)[5]. Esse modo de vida simples e disperso desapareceu gradualmente, após o início da era cristã, quando a população aumentou e começou agregar-se em vilas maiores junto às cabeceiras dos rios na região dos campos ou área intermediária entre campos e floresta (SCHAAN, 2009a).

Situados nessas áreas, do século VI ao XIII, os marajoaras desenvolveram um sofisticado modelo ecológico-econômico, com escavação de reservatórios de água, construção de barragens e formação de tesos e cacicados. Com esse modelo controlavam os recursos aquáticos o ano todo, assim, durante a maré baixa e meses sem chuvas contavam com quantidades

---

[5] A ocupação pode ser mais antiga se considerarmos os Sambaquis (palavra oriunda da mistura dos termos Tupi, *tamba* (conchas) e *ki* (amontoado), constituídos por inúmeras camadas de conchas de moluscos, ossadas de animais, sepulturas humanas, restos de fogueira e, por vezes, adornos e esculturas, misturados à areia) encontrados em Cachoeira do Arari, Curralinho e Melgaço. Em hipótese, os Sambaquis são vestígios com datação mais antiga, entre três e cinco mil anos, ao considerar a antiguidade de sítios semelhantes encontrados na costa norte do Pará (SILVEIRA; SCHAAN, 2005).

massivas de peixes, assegurando o sustento dos grupos sob a coordenação de chefias regionais (cacicados), espalhadas pelo arquipélago.

As pesquisas arqueológicas indicam que os cacicados eram relativamente independentes, mas mantinham alianças entre si, o que se verifica com as trocas de objetos cerimoniais e padrões culturais similares. Sugere-se que uma acirrada competição entre os caciques, em várias partes do Marajó, contribuiu para a construção de tesos e a demonstração de riqueza e poder entre os chefes. O que se constata com a produção de objetos de luxo e da cerâmica[6] com suas engenhosas pinturas e qualidade, além da importação de objetos de prestígios, como as pedras verdes e os machados cerimoniais (SHCAAN, 2009a; BARRETO, 2008).

Essa fase, chamada de Marajoara da Tradição Policrômica Amazônica, compreende o período de 400 a 1.300 A.D. (MEGGERS; EVANS, 1957), entrou em declínio a partir do século XIII, por razões desconhecidas. Para os/as arqueólogos/as, esse fenômeno pode ser explicado pela perda de controle dos chefes sobre a vida cerimonial e a capacidade de mobilização do trabalho social, ao menos 300 anos antes da chegada dos europeus. Esse descontrole levou os indígenas a retornarem ao padrão disperso e mais autônomo, como os "Nheengaíba"[7], prováveis remanescentes da cultura marajoara, pois, apesar do colapso sociopolítico, constata-se que compartilhavam dos mesmos costumes e cultura no período da invasão portuguesa (SCHAAN, 2009a).

A extinção da cultura marajoara de Tradição Policrômica pode ser explicada também por alguma pandemia; ou pelo abandono do território marajoara; ou ainda ter sido conquistada e absorvida pelos Aruã falantes da língua Arawak, que "penetraram em Marajó partindo de Mexiana, Caviana e do que hoje constitui o território do Amapá" (MEGGERS; EVANS JR. 1954, p. 10). Duzentos anos antes da Colonização, os Aruã restringiram-se mais ao litoral norte-oriental, ocupando esse território até o início da colonização portuguesa (MEGGERS; EVANS JR., 1954; SIMÕES, 1967), quando desencadearam-se intensas disputas e conflitos pelo domínio do território marajoara.

---

[6] A cerâmica produzida pelos indígenas indica como eles se organizavam econômica e socialmente, incluindo os sistemas de trocas e as características tecnológicas. Trata-se de uma cerâmica produzida conforme as expectativas culturais, ou seja, de acordo com o imaginário e a racionalidade local, constituindo-se ferramenta de enorme relevância social (SCHAAN 2009a; BARRETO 2008).

[7] Termo pejorativo atribuído pelo colonizador às diferentes nações indígenas do Marajó e significa "gente de língua incompreensível" (SCHAAN, 2009a, p. 33b). Tais nações - Anajá, Mapuá, Pacaucaca, Guajará e outros - que podem ter migrado das regiões Andinas para a região marajoara (PACHECO, 2009; SCHAAN, 2009a) ocupavam o lado ocidental desse arquipélago na época da colonização.

Conta-se que Nheengaíba e Aruã vivam em intensa disputa, por isso, quando os colonizadores chegaram, os Nheengaíba ocupavam o centro do arquipélago, no lado ocidental, para evitar confronto com os encrenqueiros Aruã. Para além dos incômodos vizinhos, os Nheengaíba tiveram que enfrentar a sangrenta investida portuguesa, que, de acordo com Pacheco (2009), perdurou por mais de duas décadas e só foi vencida porque os opositores contaram com a interferência de Padre Antônio Vieira, missionário jesuíta que convenceu os indígenas a assinarem, à época, o acordo de paz com os portugueses.

As "pazes do Mapuá" encerraram a guerra entre nativos e invasores, e representaram a estes a consolidação da conquista lusitana na Amazônia, e aos aborígenes, submissão e extermínio. Esse acordo, em hipótese, ocorreu na localidade vila Amélia, na época, aldeia dos Mapuá, entre os dias 22 e 27 de agosto de 1659, sob a condução do cacique Piyé Mapuá, chefe da federação de sete cacicados desse arquipélago (Anaja, Aruã, Camboca, Guianá, Mamaianá, Mapuá, Piixi-Pixi) (PACHECO, 2009). Nessa localidade se encontra, atualmente, um sítio arqueológico de cemitério indígena, atribuído à nação Mapuá, que, juntamente dos demais vestígios, sugerem ser o Mapuá, território ancestral e lugar de memória (NORA, 1993).

Todavia, ainda que a materialidade indígena seja uma realidade na paisagem local e que a pesquisa arqueológica, iniciada por norte-americanos e europeus, tenha feito importantes contribuições, pouco se sabe dessas nações. Com a invasão colonial o território marajoara foi transformado em celeiro de matéria-prima dos colonizadores e os indígenas deculturados, separados e dispersos por outros territórios como mão de obra escrava (PACHECO, 2009), o que ajuda a explicar a inexistência de descendentes diretos desses povos e o desconhecimento da memória ancestral.

Com o domínio português, outros sujeitos e coletivos, incluindo os negros trazidos da África como escravos no século XVIII, passaram a ocupar o Marajó. No rio Mapuá, especificamente no fim do século XIX e início do XX, destaca-se uma forte ocupação de migrantes nordestinos. Trata-se de um tempo em que o Mapuá, com seu abundante seringal nativo, exerceu a função de palco estratégico da produção da borracha (*Hevea brasiliensis*) em Breves e os nordestinos, sobretudo, cearenses, exerceram a função de seringueiros e mão de obra semiescrava sob o domínio de seringalistas, chamados de coronéis-patrões, que se intitulavam "donos dos seringais e do rio Mapuá". Esses sujeitos deram origem às comunidades mais antigas do Mapuá, as quais juntamente da materialidade indígena tecem parte da história e memória local, que neste livro procuramos conhecer.

A narrativa apresentada aqui corresponde aos capítulos 2 e 3 de minha pesquisa de tese realizada entre 2014 e 2018 no âmbito do Programa de Pós-graduação em Antropologia da UFPA. Nessa pesquisa, composta de cinco capítulos, originada pela inquietação epistemológica e vivências na região, guiada pelas lentes da Arqueologia e Antropologia, ciências surgidas em fins do século XIX, esforço-me para conhecer e analisar características e elementos históricos dos modos de vida dos moradores do Mapuá, chamados também de ribeirinhos, não por habitarem às margens do rio, mas pela relação que estabelecem com a dinâmica de rio e floresta. Procurei ainda apreender a forma como esses sujeitos se relacionam com o território marajoara (incluindo os objetos e as coisas produzidas, comercializadas e utilizadas de várias formas na vida cotidiana), como lidam com a dinâmica do rio e da floresta para forjar suas formas de existência e coexistência. Verifico também que sentidos e significados esse grupo atribui aos vestígios e artefatos arqueológicos encontrados no sítio arqueológico e em vários lugares desse território.

Para melhor apreender tais perspectivas, tracei os seguintes questionamentos:

a) O que os moradores do rio Mapuá narram sobre o lugar, os objetos, as coisas, as pessoas, seu modo de vida e a relação com o meio ambiente amazônico? b) O que narram sobre o cemitério indígena e os diferentes vestígios arqueológicos encontrados em diversos locais das comunidades? c) Que representações fazem desses vestígios? E de que maneira esses vestígios influenciam na construção das lembranças do passado? d) Que sentidos e significados atribuem à cultura material do passado no presente?

Em busca por respostas, navegando pelas camadas estratigráficas das memórias dos moradores mais antigos e pelas estradas líquidas às sombras da floresta, teci, nas bordas da Arqueologia Pós-Processual, Arqueologia Etnográfica e História Oral, esta narrativa. Apoiada em Castañeda (2007), assumi a Arqueologia Etnográfica por permitir ampliar as ações arqueológicas. Essa abordagem tem a Arqueologia como sujeito da etnografia, o que significa adotar os diversos métodos da etnografia na pesquisa arqueológica, com foco no estudo do passado investigado e no presente de onde o/a pesquisador/a age.

Articulada à abordagem Pós-processual, a Arqueologia Etnográfica devota cuidado ético no engajamento do/a pesquisador/a com a comunidade no fazer arqueológico sobre o passado e no presente. Prevalece a preocupação com o significado simbólico dos achados arqueológicos, isto é, tem-se responsabilidade com o conteúdo das mensagens construídas sobre o passado e os contextos sociais no presente (CASTAÑEDA, 2007). Exercício que envolve a negociação entre pesquisador/a e interlocutores/as para compreender e interpretar o passado na relação com o presente.

Nessa dinâmica, assumi a História Oral (HO) enquanto "um procedimento, um caminho para produção histórica" (DELGADO, 2010, p. 16) que permite aliar o esforço de reconstruir padrões culturais do passado à atenção às variações e transgressões individuais concretas no presente. Para essa autora, a HO envolve múltiplas temporalidades,

> o tempo passado pesquisado, o tempo percorrido pela trajetória de vida do interlocutor e o tempo presente que orienta e estimula tanto as perguntas do pesquisador que prepara o roteiro do depoimento com as respostas a essas indagações. (DELGADO, 2010, p. 16).

Já para Alessandro Portelli (1997, p. 16), a HO procura

> [...] representar a realidade não tanto como um tabuleiro em que todos os quadros são iguais, mas como um mosaico de colcha de retalhos, em que os pedaços são diferentes, porém, formam um todo coerente depois de reunidos.

Portelli (1997) nos ensina que fazer HO é como montar um quebra-cabeça, o que exige do pesquisador saber escolher e encaixar as peças de modo que forme o todo coerente do qual fala o autor. Assim sendo, precisei aprender a lidar com as camadas estratigráficas da memória de meus interlocutores, para perceber os silêncios, performances, enigmas que muitas vezes pareciam incompreensíveis. Foi necessário aprender não só identificar as peças do quebra-cabeça, mas ler e a interpretar as elipses, as rasuras, os códigos das memórias dos interlocutores e de minha própria memória, em suas múltiplas temporalidades. Tarefa duplamente complicada, pois, segundo Delgado (2010, p. 38), "a memória é inseparável da vivência da temporalidade, do fluir do tempo e do cruzamento de tempos múltiplos. A memória atualiza o tempo passado, tornando-o tempo vivo e pleno de significados no presente".

A memória acumula saberes, experiências e tradições, que para ser desvendada, compreendida e parcialmente conhecida precisa ser provocada, estimulada por algum ato, pergunta, comentário, imagem, lugar, artefato (BOSI, 1999). Nesse quadro, o/a pesquisador/a e a pesquisa exercem o papel de instrumentos para despertá-la, ato que metaforicamente chamei de "escavar memória". A escavação, segundo Cristóbal Gnecco (2012, p. 10), é

> [...] uma atividade física [...] central à prática arqueológica; no entanto, seu caráter empírico [...] esconde uma outra de suas facetas: escavar também é um tropo poderoso, intimamente ligado ao tropo de um passado enterrado.

Com a noção de tropo, o autor sugere as escavações alternativas, como a escavação de memórias.

Propondo-me a este desafio, escolhi minhas ferramentas e realizei minha escavação alternativa. No lugar dos usuais canteiros, colher de pedreiro, baldes, peneiras, fichas, etiquetas etc., precisei de gravador, câmera digital, o habitual diário e lapiseira, e a indispensável empatia e afeto. Operando com tais objetos coloquei-me a escuta e ao diálogo e, nesse exercício, entrevistei 25 homens e 14 mulheres escolhidos/as por saberem contar sobre a história do lugar e terem ouvido falar sobre a existência de material arqueológico. São lideranças comunitárias e religiosas, aposentados, ex-seringueiros, agricultores, parteiras, servidores públicos, estudantes e comerciantes. As entrevistas foram guiadas por um roteiro flexível, conforme modelo proposto por Irene Rizzini *et al.* (1999), tendo como foco a compreensão e a relação dos interlocutores com o lugar, as coisas, a materialidade e as pessoas.

A maioria das narrativas foi coletada individualmente, nas casas dos/as entrevistados/as, seguindo os procedimentos éticos indicados pela Resolução 510/2016. Todas as narrativas foram gravadas uma parte no celular e outra no gravador portátil, com o consentimento dos/as sujeitos/as e transcritas literalmente. Procurei conservar o máximo da "maneira de falar" dos/as interlocutores/es. Porém, assim como Pantoja (2008), optei por corrigir possíveis erros ortográficos e gramaticais, para evitar uma leitura desconfortável. Partilho do entendimento de que conservar tais erros corrobora para construir uma dicotomia entre pesquisadora e interlocutores/as. Tal como Pantoja (2008), procurei manter uma tradução fiel ao modo de fala dos/as interlocutores/as, mas preocupada em respeitá-los como pessoas e cidadãos.

Integram as fontes desta pesquisa as observações "etnográficas" coletadas durante minhas investidas em campo, o que ocorreu em três momentos, a saber: maio de 2015, agosto e novembro de 2017. Tais observações foram densamente descritas no diário de campo. Faz parte desse processo metodológico o mapeamento das ocorrências arqueológicas precedido de um levantamento não interventivo, realizado com a colaboração do orientador, professor Dr. Diogo Costa, e consistiu no caminhamento sobre a área do sítio com observação de vestígios materiais em superfície, sem escavação no solo ou coleta de material arqueológico.

Nessa atividade fiz uso da plotagem de pontos com GPS para alocar em mapa as ocorrências arqueológicas identificadas. Também recorri à captura de imagens dos objetos, lugares e sujeitos, com câmera semi-profissional e celular. No corpo do texto, procurei categorizá-las como narrativas que permitem desvelar conhecimentos ocultados e hierarquizados pelo colonialismo. O uso da fotografia sob o ponto de vista da antropologia visual ajuda a ampliar a comunicação e a expressão acerca do comportamento cultural estudado e assim desvendar vozes, histórias, memórias silenciadas e adormecidas pela ciência moderna. Ancorada em Boni e Moreschi (2007, p. 139), entendo que "a fotografia não é um suporte da pesquisa, mas são imagens que agem como um meio de comunicação e expressão do comportamento cultural".

Outra fonte importante foram os relatórios de campo da arqueóloga Dirse Kern, do Museu Emílio Goeldi, cedidos pela própria pesquisadora. Esses relatórios tratam de duas viagens empreendidas por Kern ao rio Mapuá nos anos de 1997 e 1998, que além de me ajudarem com a caracterização de tumbas de um dos sítios de cemitério, também contribuíram para identificar a localização de ocorrências arqueológicas.

Parte dessa vivência e achados históricos e empíricos tratados à luz da análise qualitativa são compartilhados neste livro, que está organizado em dois capítulos. No primeiro capítulo, "Uma Arqueologia do Lugar: Histórias e memórias do rio Mapuá em narrativas", socializa-se a origem das vilas, das edificações e comunidades, cenário desta pesquisa. Lugar e espaço são assumidos como categorias para analisar e interpretar como o território tem sido formado, praticado e ocupado na lógica dos coletivos e, também, da racionalidade do Sistema Mundo-Moderno-Colonial.

O segundo capítulo, "A cultura material da floresta: narrando lembranças e memórias do passado", dividido em cinco tópicos, apresenta uma análise da cultura material mapeada em sítios arqueológicos, tanto pré-coloniais como históricos. Nessa análise, destaco sentidos e significados ancestrais e atuais dessa materialidade para as comunidades ribeirinhas na relação com o território no passado e no presente em que se verifica uma relação para além do tempo e do espaço.

Ao finalizar, pontuo ser o rio Mapuá um território ancestral, culturalmente transformado pela exploração da floresta, trabalho, contato, sociabilidades e conflitos entre as diferentes gerações. Apreende-se que, no tempo presente, os coletivos que habitam esse território recriam cotidianamente caminhos e táticas para ressignificar o existir humano na relação com o meio ambiente, orientado por visões de mundo, vida, trabalho e conflitos no contemporâneo, mas conectados às tradições ancestrais, em especial à indígena. Tem-se, assim, uma constante ressignificação do passado no presente dentro de uma lógica de longa duração.

UMA ARQUEOLOGIA DO LUGAR: HISTÓRIAS E MEMÓRIAS DO RIO MAPUÁ EM NARRATIVAS

Aqui, ali, acolá.
Pergunto, volto a informar.
Percorro voltas e volto
Pra chegar no Mapuá!
Rio tranquilo, água escura.
Linda flora a verdejar,
Peixe pulando nas margens.
Eis aí o Mapuá!
(Nazaré Oliveira, 2000)

2.1 PELO RIO MAPUÁ: ENTRE VILAS, COMUNIDADES, LUGARES, COISAS E COSMOLOGIAS

O rio Mapuá, de água gélida e escura, semelhante à Coca-Cola, para operar com metáforas e pontos de vistas dos moradores (GEERTZ, 1997), no passado acomodou, nas entranhas de sua floresta, nas curvas e estirões de seus igarapés e na dimensão de seus lagos[8], os indígenas Mapuá, o que explica o nome atribuído ao rio e à área por ele banhada e o caracteriza como território ancestral. Vestígios da ocupação indígena e de outras ancestralidades podem ser encontrados em diferentes locais no Mapuá. De 2014 a 2017, às vezes de barco, outras de lancha e *rabeta*[9], subi e desci esse rio para mapear tal materialidade, que me ajudam a contar e a narrar aqui enredos e memórias da ocupação e experiência humana e não humana nessa porção amazônica (INGOLD, 2012).

---

[8] Para Theodoro Braga (1919, p. 26), lagos "são as nascentes dos dozes braços do Mapuá", especificamente do alto Mapuá, onde os lagos estão concentrados. Nessa dinâmica geográfica pelo braço direito, chamado de Cumaru, tem-se acesso aos seguintes lagos: dos Leões, do Socó, dos Patos, do Pirarucu; do Cachimbo; dos Careta, dos Pássaros, Ciganas e Freitas. No braço da esquerda, chamado de Canta Galo, tem-se os lagos: do Beija-flor, do Jacaré e lago Chato.

[9] Pequenos cascos em madeira, com motor suspenso na popa, confeccionados pelos moradores para sua locomoção, com capacidade para uma ou mais pessoas. As rabetas servem para transportar as pessoas de uma localidade à outra, alunos às escolas, e aos demais afazeres no cotidiano. Nos últimos anos, a rabeta tem substituído, em diferentes atividades, o tradicional casco a remo, conduzido pela força humana.

Com tal perspectiva, neste capítulo adentro ao rio Mapuá para melhor conhecer suas vilas, comunidades, edificações, sítios e paisagens arqueológicas que fazem e formam o Mapuá, não apenas como um lugar ocupado, mas como território ancestral e patrimônio. Nesse movimento, evidencio a relação dos moradores com o ambiente e sua geografia movente (DE CERTAU, 1998), incluindo as redes de sociabilidades tecidas, a produção e o intercâmbio material, cultural e simbólico.

O capítulo dá especial atenção ao espaço e sua ocupação. O estudo sobre o uso do espaço não é uma novidade à Arqueologia, pois é uma temática bastante recorrente, tanto para compreender as dinâmicas das populações caçadoras-coletoras quanto para conhecer as ocupações de populações ceramistas como as indígenas marajoaras. Na particularidade desta pesquisa, volto atenção para o espaço, pela possibilidade de elaborar reflexões acerca de como os moradores do Mapuá apreendem, percebem e narram o ambiente amazônico e o território que, no passado, era habitado por indígenas.

A arqueologia do lugar não se restringe à compreensão e organização da logística socioeconômica, busca, também, apreender o lugar da forma como os coletivos percebem e comunicam os significados de seu entorno físico e cultural em diferentes escalas. Lugar e espaço são, desse modo, categorias de análise para entender a formação do território e, como desdobramento, do patrimônio. Entendo que lugar é uma categoria por meio da qual "as pessoas se percebem no mundo" (ALENCAR, 2007, p. 96) e estabelecem uma relação de pertencimento com o território socialmente construído e ocupado. Em outros termos, lugar se refere ao local onde as pessoas criam e forjam suas formas de existência física e simbólica.

No caso dos moradores do Mapuá, o lugar se refere às casas, vilas, igrejas, à roça, ao local de pesca, aos cemitérios (sítios arqueológicos, pré-históricos e históricos), e outros espaços socialmente praticados, que desempenham o papel de suporte e guardiões da memória e importantes referências para a construção da identidade cultural. O lugar, como entende Fernand Braudel (2016), não é apenas a localização geográfica, é, antes, o resultado das experiências, vivências, significados e relações específicas estabelecidas pelos coletivos e indivíduos com o meio ambiente nos contextos e temporalidades distintas.

Apoiada em Braudel (2016), interpreto lugar como categoria que possibilita, neste estudo, compreendermos a interação das diferentes gerações que habitaram e habitam o Mapuá com o meio ambiente amazônico. Por meio da leitura do espaço, Braudel (2016) sugere ser possível entender as estruturas mais profundas e complexas da sociedade, isto é, como organizam, estabelecem as relações de poder e dominação, entre outros aspectos. Espaço assume, desse modo, a função de agente e fator histórico, organizado, ordenado, estruturado e inventado cotidianamente pela cultura. Correlaciona, assim, ao que De Certau (1998, p. 202) denomina de "lugar praticado".

De Certau (1998) entende lugar e espaço como campos distintos. Lugar é uma "configuração instantânea de posições. Implica uma indicação de estabilidade" (DE CERTAU, 1998, p. 202). Lugar segue uma ordenação natural e só pode ser ocupado por um elemento, ou seja, cada objeto ocupa um único lugar, um ao lado do outro em relações de coexistência. O espaço caracteriza-se como um cruzamento móvel, em que, no sentido lato, segue uma orientação geográfica, uma localização. "Espaço é o efeito produzido pelas operações que o orientam, circunstanciam, o temporalizam e o levam a funcionar em unidade polivalente de programas conflituais ou de proximidades contratuais" (DE CERTAU 1998, p. 202). Lugar é ocupação estável e o espaço ocupação em fronteira, em constante intercâmbio. O espaço é, assim, lugar e paisagem praticada.

É no espaço, para Gaston Bachelard (2008, p. 37), que se realiza, plenamente ou não, a "função de habitar" e ocupar. Para esse autor, o espaço é um fenômeno dialético, cuja materialidade, representada pela metáfora de uma casa, desempenha papel crucial na sensível relação afetiva e de pertencimento do ser com o seu espaço. Entende Bachelard que o ser humano não habita apenas sua casa, mas efetivamente o mundo. A casa é o canto do sujeito no mundo, estabelecido por meio das vivências efetivas dos espaços. A casa é o primeiro universo habitado pelo sujeito, que proporciona aos seus habitantes desenvolturas, intimidades e mobilidade com outras partes do mundo.

Na perspectiva bachelardiana, cada canto da casa carrega um significado e envolve lembranças, imaginações e percepções, o que corresponde à escolha de cada sujeito acerca do canto preferido para habitar. A forma como essa habitação ocorre define e dá plasticidade à imaginação e lembranças do espaço ocupado pelo sujeito no mundo. Nesse processo, a experiência, individual e coletiva delimita diferentes níveis de apropriação da casa, a qual pode ser interpretada como uma materialidade específica, que estabelece a prática do espaço, com a função de proteger a intimidade do ser.

> É preciso dizer como habitamos o nosso espaço vital de
> acordo com todas as dialéticas da vida, como nos enrai-
> zamos, dia a dia, num 'canto do mundo'. Porque a casa é o
> nosso canto do mundo. Ela é, como se diz amiúde, o nosso
> primeiro universo. É um verdadeiro cosmos [...]. Os ver-
> dadeiros pontos de partida da imagem, se os estudarmos
> fenomenologicamente, revelarão concretamente os valores
> do espaço habitado, o não-eu que protege o eu. [...]. Todo
> espaço realmente habitado traz a essência da noção de casa.
> (BACHELARD, 2008, p. 23-25).

A casa é o espaço protetor e criador de símbolos e valores, que dá sentido e imaginação ao mundo habitado. No Mapuá, a casa de Bachelard (2008) pode ser entendida como o território em si, onde cada comunidade e habitante ocupa um canto e se conecta com o mundo. Mas, para cada ser o território habitado tem significados específicos, pois não se restringe à realidade física, mas ao espaço construído pelas emoções, percepções, sonhos e devaneios. O espaço tem um valor humano e social, que vai além da questão física e geográfica, inclui aspectos simbólicos, sensíveis, culturais e cosmológicos. Ao ser habitado ou praticado, é transformado em lugar e território. A metáfora bachelardiana nos permite verificar que imaginação e memória têm uma relação dialética com o espaço e o tempo. Aliás, o espaço é tudo que anima a memória; é o que contém os alvéolos do tempo presente nos seres e nas coisas.

Braudel, De Certau e Bachelard ensinam, desse modo, apreender espaço e lugar como categorias dialéticas que não se referem às limitações de uma mera relação informativa sobre o espaço geográfico, as coisas e as pessoas. Lugar e espaço são, portanto, construções sociais e históricas feitas por gente na relação com gente, o meio ambiente, o tempo, a cultura material e o patrimônio. À luz dessa assertiva, rio e floresta no Mapuá se constituem em espaços transformados pelos diferentes grupos sociais em lugares e território. Um território formado por igarapés, braços, lagos, cemitérios, ocorrências arqueológicas, comunidades e localidades, lugares que, além de narrar a história e a memória local, caracterizam-se como elementos-síntese da relação estabelecida pelos moradores com o rio e a floresta, definidos por eles como patrimônio.

No percurso etnográfico, verificamos que cada igarapé, lago e loca-lidade são identificados por nomes próprios, geralmente, os nomes de famílias que ocuparam e/ou ocupam aquele espaço. Essa identificação fornece a esses espaços identidades específicas. Daí dizer que o Mapuá é um aglomerado de biografias diversas, uma "zona de contacto" (PRATT, 1999) que nos leva a interpretá-lo não apenas como uma localização geográfica, mas palco de vivências, encontros, acontecimentos culturais e de conexão com o mundo. Além desses espaços, mapeei várias edificações e ocorrências arqueológicas de diferentes temporalidades, levando-me a sugerir uma ocupação de longa duração (BRAUDEL, 2016) no Mapuá, sob a lógica da colonialidade do poder.

A paisagem geográfica, os espaços praticados e os vestígios arqueológicos constituem-se, nesse quadro, referências culturais e caracterizam-se como molduras da memória, pois, por meio delas, verifica-se uma articulação entre memória, tempo e lugar. O lugar se constitui suporte necessário para que a memória do passado revele fragmentos da história no presente. Tem, portanto, uma biografia evocada e reforçada pelas narrativas daqueles que consideramos como guardiões da memória das gerações do presente (ALENCAR, 2007; AYOUB, 2016). As narrativas produzem, desse modo, um trabalho que transforma espaço em lugar e lugar em espaço (DE CERTAU, 1998).

No lugar/espaço Mapuá há diferentes vestígios arqueológicos, com destaque para as prováveis igaçabas (Figura 1) encontradas no sítio arqueológico de cemitério indígena, vila Amélia (Figura 2). Há também vestígios que denunciam a possível presença holandesa na região, o movimento cabano e, sobretudo, a ocupação de seringueiros e seringalistas que data do fim do século XIX e início do século XX, referente ao período da borracha. Nessa época, um grupo de nordestinos vindos, principalmente, do Ceará tornaram-se habitantes do Mapuá, em especial nas colocações de borracha dos seringalistas-coronéis, o português Lourenço de Mattos Borges e o cearense José Nobre de Almeida e de seus coerdeiros, Constantino Félix e Antônio Joaquim Nascimento, seringalistas e patrões no Mapuá por várias décadas.

Figura 1 – Vestígios de prováveis igaçabas do cemitério indígena Amélia, Mapuá

Fonte: a autora, 2017

Figura 2 – Vila Amélia, rio Mapuá, antes da visita arqueológica

Fonte: Diogo Costa, 2015

Adentrando ao rio e percorrendo por suas extensas margens, verifico que além dos vestígios ancestrais, sítios pré-históricos e históricos, o Mapuá conta com uma paisagem natural composta por lagos, furos, igarapés e uma densa floresta, habitada por diferentes famílias assentadas em vilas e pequenas habitações. São pessoas que, desde o baixo ao alto curso do rio, vivem da produção da farinha, extrativismo de recursos da floresta (madeira e palmito), comercialização do fruto do açaí (*Euterpe Olearacea*), caça, pesca e criação de animais de pequeno porte, os *xerimbabos* (pato, galinha). Algumas famílias criam porcos e uma, em particular, cria gado bovino. Integra essa dinâmica econômica a venda de várias mercadorias pelos comerciantes locais e a compra de regatões[10].

Nessa porção, como em todo o Marajó, o ano é dividido em inverno e verão amazônico para definir o período das cheias e da seca, porém, o início e o fim de cada estação não são totalmente previsíveis. No inverno amazônico, iniciado em dezembro, o nível de água atinge o volume máximo, assim, as áreas baixas ao longo do rio ficam totalmente cobertas, facilitando o trânsito das pessoas entre as comunidades e a extração do palmito de açaí e da madeira, principais atividades econômicas dessa estação. Em meados de maio, o tempo se abre um pouco e o rio começa a secar, anunciando a época do sol forte, geralmente de junho a novembro. É outro tempo, o tempo de cultivar a terra para plantar a roça, caçar, coletar o açaí e pescar. Miranda Neto (1976, p. 14) chama esse movimento de "círculo vicioso de afogamento e ressurgimento da terra".

Observei que, na época do verão amazônico, em algumas localidades, as pessoas são obrigadas a fazer longas caminhadas para obter água e transportar produtos. Isso mostra que a variação sazonal imprime um ritmo de vida às famílias. Esse fenômeno natural influencia na maneira como elas têm ocupado o espaço para construir suas casas, fazer a roça, retirar os produtos da floresta, ter acesso à cidade e às demais localidades. É uma dinâmica que afeta as formas como as famílias se relacionam entre si e com o meio ambiente amazônico. Como escreveu Geovanni Galo (1980), por aqui, quem manda não é o presidente da república e nem o governador, mas a água. Ela traça percursos, alinhava vidas, formata destinos, tece histórias, sonhos, memórias e identidades. Todavia, isso não significa um determinismo ambiental rígido, pois a influência da água sobre os modos de vida dos moradores não tem efeitos limitantes.

---

[10] Os regatões, espécies de mercadores viajantes, vistos por Garcia (1996, p. 58) de "mascates dos nossos rios", no passado, desempenhavam a função de "fazer circular parte da riqueza da região" como também as notícias do que ocorria no país. Atualmente esses mascates, em certa medida, configuram-se como uma espécie de "novo patrão".

Esse grupo, assim como seus ancestrais, no decorrer de cada estação, aprendeu a criar táticas para manejar o rio, a água e a floresta. No verão, para pescar, por exemplo, nas margens do rio, colocam o cacuri francês (artefato feito com tala de arumã); nos lagos, as redes de pesca; nos igarapés, o maçará (artefato feito de pedaços da árvore de açaí ou paxiuba) etc. No caso da produção da farinha, atividade realizada o ano todo, em menor frequência no inverno, fazem uso de diferentes objetos, técnicas e práticas, assentadas em tradições, saberes e experiências herdadas, construídas, inventadas e recriadas a partir das várias relações, encontros e cruzamentos estabelecidos (HOBSBAWN; RANGER, 2007; HAMILAKIS, 2015).

Como defende Schaan (2009a), a adversidade do ambiente natural não foi, no passado, limitante para que os primeiros habitantes ocupassem esse território. Ao contrário, aprenderam a lidar com as dinâmicas ecológicas do arquipélago. O período de cheia e de seca determinava a abundância e a escassez de alimento. Com as cheias, os peixes subiam até as cabeceiras dos rios, lagos e igarapés para se reproduzir; no retorno, muitos peixes ficavam presos nos lagos e rios que secavam durante o verão. Diante desse movimento, os povos autóctones, ocupando as cabeceiras dos igarapés e lagos, construíram um sofisticado sistema de manejo hidráulico para explorar intensivamente a pesca, proporcionando, segundo a autora, a formação de diversos cacicados no Marajó.

No início do processo de colonização, essa dinâmica sazonal foi um desafio para os colonizadores. É possível dizer que a natureza e seus vigilantes (indígenas) agiram como um freio no enfrentamento aos invasores, o que perdurou por mais de duas décadas. De acordo com Pacheco (2009), o pouco e insuficiente conhecimento dos colonizadores sobre os ritmos das águas, geografia da floresta, cosmologias e perspectivismo ameríndio retardou a entrada desses povos no Marajó, como também os levou a buscar ajuda de saberes locais para organizarem sua estratégia geopolítica e vencer aos indígenas (VIVEIROS DE CASTRO, 1996).

A geografia e dinâmica da água, rios, furos, lagos, igarapés e floresta, ainda hoje, impõem desafios para se deslocar pela Amazônia, sobretudo para aqueles que não conhecem a região. Assim, para melhor organizar e definir os limites geográficos do extenso Mapuá, e tornar a rota mais clara aos visitantes, no ano de 1979 – segundo seu Orlando Miranda (2015) –, técnicos do Instituto Brasileiro de Geografia e Estatística (IBGE) classificaram em baixo, médio e alto Mapuá.

O baixo Mapuá é por onde geralmente se inicia o acesso às famílias e às suas respectivas comunidades, o que ocorre por meio de cascos, *rabetas*, lanchas e barcos. Nessa área, estão as comunidades São Sebastião do Mapuá--Miri, Nossa Senhora de Nazaré do Mapuá-Miri, Rosa Mística e Bom Jesus. No médio Mapuá, área central da região, concentram-se as comunidades Nossa Senhora das Graças/vila Amélia, São Benedito do Mapuá e Perpétuo Socorro. O alto Mapuá, maior área, congrega as comunidades Santa Rita, São José, Assembleia de Deus, São Sebastião do Canta Galo, Santa Maria, Perpétuo Socorro do Canaticum e Nossa Senhora de Nazaré.

Na área do alto Mapuá, o rio segue três direções, com denominações diferentes (Cumaru, Cumaruzinho e Canta Galo), e a navegação é mais limitada, sobretudo no período do verão amazônico, quando a água seca e os barcos chegam somente às vilas Santa Rita e Canta Galo. A partir desses portos, a navegação só é possível em casco e *rabetas*. Há lugares em que, nessa época, a única via de acesso é o caminho de lama e terra batida, sendo necessário andar por cerca de 40 minutos a uma hora. Situação considerada difícil pelos moradores, tanto para ir à escola, como é o caso dos alunos das localidades Torrão e Capinal, quanto para ir à cidade. No caso da cidade, a jornada é maior ainda, pois a distância entre o Mapuá e o núcleo urbano de Breves é de 70 km em linha reta, o que leva em média 12 horas de viagem em barcos de médio porte.

Daí dizer que é o tempo-rio, tempo-barco, tempo-rabeta, tempo--canoa, para lembrar Miranda Neto (1976), quem dita o ritmo de vida dos moradores do Mapuá, no arquipélago de Marajó. O tempo é o medidor da distância, chamada de estirões, entre uma comunidade e outra, o que varia conforme a maré e a potência do motor. Nota-se que a presença da *rabeta* tem implicado nessa variação, pois quando o transporte era o casco, movido pela tração humana, contavam-se a quantidade de estirões, já com a rabeta, ao menos entre os mais jovens, conta-se o tempo gasto de uma comunidade à outra. O tempo está nas rabetas e nos sujeitos, como se aprende com Bachelard (2008).

O Mapuá é, assim, um rio, uma região, um labirinto de igarapés, braços e lagos. Uma sucessão de paisagens naturais e diferentes espaços praticados (DE CERTAU, 1998; BRAUDEL, 2016). Um aglomerado de famílias que, em tese, podem estar ligadas a duas ancestralidades, uma milenar (indígena) e uma secular (portugueses e cearenses). Então, viajar pelo Mapuá é encontrar, ao longo de sua extensão, coisas do tempo dos indígenas, dos colonizadores e de diferentes povos que, há séculos, habitaram e habitam essa região. É mergulhar pela vertente das matrizes de tradições orais em experiências, práticas e saberes locais, urdidos e ressignificados cotidianamente por dezenas de famílias espalhadas por suas margens e organizadas em comunidades[11].

Comunidade é vista pelos moradores como uma unidade entre as famílias, influenciada pela Igreja Católica, proximidade espacial e ligação com os lugares que compõem os espaços praticados. Não se limita, portanto, a questão geográfica, mas abrange parentesco, amizade, compadrio, afeto, vizinhança e interesses políticos e econômicos. Comunidade no Mapuá caracteriza-se, desse modo, pelo aspecto espacial, emocional, religioso e político (WEBER, 2009).

Ao todo, são 14 comunidades de "pequena escala" (BEZERRA, 2011), que, no arranjo espacial e ocupacional da região, dão forma e contornos à paisagem local. Cada uma com suas singularidades, narra histórias, tradições, experiências e memórias das diferentes gerações ao longo dos tempos, como também, cotidianamente, constrói outras histórias, que, entrelaçadas ao passado, dão sentidos e significados aos modos de vida de cerca de 900 famílias que hoje habitam o Mapuá. Para efeito de limite espacial, cada comunidade, desde 2005, com a criação da Reserva Extrativista Mapuá (RESEX/Mapuá)[12], tem seus limites definidos pelas áreas de colocação familiar e comunal, cuja referência de demarcações são os igarapés – lugares-síntese da relação estabelecidas pelas famílias entre seus membros e o ambiente.

Entre uma, duas ou mais horas de viagem em barco, casco ou em *rabeta* é possível avistar as famílias em suas habitações construídas em madeira com coberturas em telhas e/ou palha[13], com a frente voltada para o rio. São casas de vários tamanhos e características bem específicas, que demarcam a diferença entre a elite local e as demais famílias, bem como indicam um

---

[11] Segundo Deborah Lima (1999, p. 23), na Amazônia os povos locais usam o termo comunidade para "transmitir a noção de direitos comuns de residência e uso comunal dos recursos – terra e água – relacionados ao território de sua localidade".

[12] Por meio de Decreto Presidencial, após reivindicação dos moradores, a região banhada pelo rio Mapuá foi transformada em Reserva Extrativista. Uma tática que no entendimento dos interlocutores desta pesquisa foi fundamental para se libertarem das ameaças dos patrões e continuarem vivendo e trabalhando no território tradicionalmente ocupado (ALMEIDA, 2004). Os patrões, aliás, os empresários e latifundiários, representantes do capital, se intitulavam os donos da terra e do rio, logo, determinavam as regras de uso dos recursos naturais quase sempre à base da violência.

[13] A palha usada são das palmeiras *ubuçú* e *ubim*. A primeira, chamada de *buçu* pelos moradores, é uma espécie de palmeira típica da região amazônica, muito utilizada para cobertura de casas, podendo, conforme os moradores, durar em torno de 30 anos. Já *ubim* é uma palmeira de pequeno porte da família das *Arecáceas*, com até cinco metros de altura.

padrão arquitetônico que reflete, de um lado, a herança cultural da arquitetura europeia colonizadora na relação com os saberes locais dos diferentes povos indígenas que habitaram a região, e, de outro lado, a ressignificação dessa herança a partir de diferentes contatos na contemporaneidade. Trata-se de uma cultura material em sintonia com a morfologia sazonal, os valores e os saberes locais em fronteiras (GEERTZ, 1997; MAUSS, 2017).

As casas da elite local (comerciantes, professores), geralmente são grandes e pintadas, apresentam detalhes na cumeeira, nas portas e janelas. Em algumas das casas, observam-se plantas ornamentais enfeitando as fachadas, características observadas também por Kern (1997). Essas casas são acompanhadas de um trapiche ou ponte larga, "construídas para facilitar o trânsito e intersecções realizadas" pelas pessoas "entre terras e rios" (PACHECO, 2009, p. 54).

As casas das demais famílias são pequenas, algumas são pintadas, não possuem ponte, mas um porto improvisado com árvores de Buriti (chamado de *Miriti* na região). Há casas que foram construídas pelo Instituto Nacional de Colonização e Reforma Agrária (Incra), com um mesmo padrão, isto é, uma pequena sala, quarto, cozinha e banheiro interno, pintadas em vermelho e branco. Tem-se ainda, nesse mosaico arquitetônico, os prédios das igrejas católicas, geralmente grandes, construídos em alvenaria, estilo colonial (parte da influência neoclássica para o barroco com aspectos do saber local), com refeitório, banheiros e gerador de luz. É o caso dos prédios das igrejas Santa Rita, Santa Maria, Nossa Senhora das Graças e Bom Jesus, o que reflete o poder eclesial dessa instituição no interior da Amazônia. Integram esse quadro os prédios das escolas municipais, a Casa Familiar Rural, as casas de farinha e os *tapiris*.

Algumas famílias que moram no médio e alto Mapuá estão situadas em porção de terras mais elevadas, chamadas de terra firme. As demais famílias estão assentadas nas terras baixas, chamadas de várzeas[14]. Edna Alencar (2007, p. 95) compreende várzea como "a terras situadas às margens dos rios de águas brancas e sofrem inundação no período do inverno, quando ocorrem as cheias dos rios". Tal ecossistema, para essa autora, ocupa "cerca de 1,5 % de toda a planície Amazônica e se estende numa área de 65 mil km² em território brasileiro" (ALENCAR, 2007, p. 95).

---

[14] Nessa área, principalmente onde os lagos estão situados, não existe o fenômeno da maré, isto é, a água não enche e vaza. Os lagos são cheios pelas chuvas durante o inverno amazônico e esvaziado durante o verão amazônico. Observa-se que, à medida que a água vai secando, os cardumes de peixes aparecem com mais facilidade, fenômeno que me levou a denominar essa área de aquário natural. Com a seca dos lagos e rios, muitos peixes morrem, situação que, segundo a professora Maria Gomes (2017), provoca todos os anos, no "começo do inverno, doenças como hepatite e diarreia" entre a população mais carente, que, sem condições de comprar ou até mesmo tratar, consome a água contaminada pelos peixes mortos.

De acordo com a referida autora, na área de várzea, os habitantes construem suas casas próximo às margens do rio, para facilitar o acesso ao porto e à água e, assim, poderem realizar diferentes atividades e, por conseguinte, garantir a sobrevivência. A localização à margem dos rios permite que os moradores "controlem a movimentação de pessoas e embarcações, pois o rio é a única via de acesso às comunidades" (ALENCAR, 2007, p. 98). No passado, para estabelecer esse controle e dominação, os seringalistas-coronéis ergueram suas casas e barracões em lugares estratégicos, quase sempre nas porções de terra alta e na confluência dos rios e igarapés (GALVÃO, 1955).

As casas e barracões desses senhores deram origem às vilas e comunidades mais antigas do Mapuá. Trata-se das vilas e comunidades Santa Rita, Nossa Senhora das Graças/vila Amélia, Canta Galo e Nossa Senhora de Nazaré. Nas áreas dessas comunidades e vilas, com exceção da vila Canta Galo (onde identifiquei apenas um casarão antigo), mapeei ocorrências arqueológicas de diferentes temporalidades, o que me levou a defini-las como cenário desta pesquisa. É a história e a memórias dessas vilas e comunidades, narradas pelos interlocutores e combinadas com a etnografia, que a partir de agora passaremos a conhecer.

2.2.1 "Vila Amélia" e comunidade Nossa Senhora das Graças: história, famílias e heranças ancestrais

Figura 3 – Vila Amélia, comunidade Nossa Senhora das Graças, médio Mapuá

Fonte: Tadeu, 2022

Vila Amélia é a mais antiga entre as vilas do Mapuá (Figura 3). Atualmente, é formada pela casa de seu Josimar da Silva, agente comunitário de saúde; o prédio da escola municipal de ensino fundamental Coração de Jesus; o alojamento dos professores; a moradia e a casa de farinha de seu Manoel; o Centro comunitário; a Casa de apoio, a Taberna e o prédio de alvenaria da Igreja Nossa Senhora das Graças. Ao contrário das demais vilas, as edificações são mais afastadas e não estão ligadas pela tradicional ponte em madeira.

A historiografia registrada permite sugerir que vila Amélia é o suposto local onde, em 1659, reuniram-se o padre Antônio Vieira, pacificador dos indígenas e o chefe de sete cacicados, Piyé Mapuá, para firmar o acordo de paz entre os portugueses e os indígenas, dando por encerrados os conflitos e estabelecendo a chamada "pazes dos Mapuá" (PACHECO, 2009; SCHAAN, 2009b).

Esse acordo representou aos indígenas perda do território, escravidão e uma longa história de esquecimento e violência. Registra-se que, após o então acordo de paz, os missionários da Companhia de Jesus criaram no Mapuá, provavelmente na aldeia Mapuá, o primeiro aldeamento (transferido para Ilha de Guaricurú/Melgaço), dando início, nas palavras de Pacheco (2009), ao difícil e complexo processo de evangelização católica no Marajó. Tempos depois a aldeia Mapuá se tornou vila Amélia, fruto de um longo processo de miscigenação dos povos nativos com europeus e africanos e, posteriormente, nordestinos.

Na área onde estão os prédios da Igreja Nossa Senhora das Graças, encontramos pedaços de cerâmicas, atribuídas às prováveis igaçabas dos indígenas Mapuá. Seu Josimar da Silva (2016) conta que os vestígios *são encontrados em toda a área cerca de mil metros*", o que sugere um aldeamento grande. Esse interlocutor e seu Antônio Galo têm sugerido que no espaço onde está o prédio da escola Coração de Jesus, no passado, era o provável local da aldeia dos Mapuá, pois, além de ser uma terra alta, conta com uma fonte de água mineral, elementos que podem ser entendidos e interpretados como possíveis pistas da existência da aldeia.

No fim do século XIX e início do XX, período do advento da economia da borracha, vila Amélia, conforme Theodoro Braga (1919) e lembranças de D. Irene Lobato (2017): *"era grande [...], tinha muitas casas e pertencia a um homem chamado Zacharias Sá"*. Por volta da década de 1930, o português naturalizado brasileiro, Constantino Martins Félix (1881-1959), comprou essa vila para expandir seu domínio, exercer o controle do poder local e manter o *status quo* de patrão e dono dos meios de produção, como é possível perceber no relato de seu Antônio Félix, comerciante no rio Aramã, neto desse português:

> [...] *meu avô veio pra Vila Amélia, aí ele foi comprando esses terrenos e foi botando os filhos, expandindo o negócio [...]. Lá no Canta Galo [primeiro lugar ocupado por Constantino Félix] ficou o papai [Sebastião Horta Félix], tio Marcelino veio aqui para o Bom Jesus [comunidade vizinha da vila Amélia]. Depois eles trocaram as posses, ele foi para o Canta Galo e o papai veio aqui para o Bom Jesus.*

Na Vila Amélia, Constantino Félix construiu, de acordo com as memórias de D. Irene Lobato, seu Antônio Gonçalves (conhecido como seu Galo) e seu Pedro Gonçalves, uma poderosa casa de comércio. Também organizou uma fazenda com gado e porcos comprados, provavelmente da região do Cururu[15]. Recorda seu Galo que ninguém passava para o alto Mapuá sem a devida autorização desse português, que atuava como seringalista e patrão. A cada 15 dias, o seringueiro-freguês entregava ao patrão Constantino sua produção do látex e recebia deste a mercadoria para o consumo.

A borracha, nessa dinâmica, era a principal moeda que sustentava o sistema de aviamento, praticado desde o primeiro ciclo (1870-1920) e caracterizava-se como uma espécie de escambo monetizado que permitia subordinar o seringueiro pelo vínculo do contrato econômico. As memórias revelam que, iludidos pela riqueza fácil e fugindo da seca no Ceará, vários cearenses migraram ao Mapuá, onde foram transformados em seringueiros e submetidos a um regime de violência e trabalho análogo à escravidão, alimentado pelo aviamento, realidade totalmente distante da sonhada.

Lourenço Borges e José Nobre, intendente e vice-intendente da cidade de Breves (1903 a 1912) e donos dos seringais no Mapuá introduziram nessa região o sistema patronal, que de acordo com as memórias herdadas de meus interlocutores foi alimentado pela exploração do látex, dos seringueiros e consolidação do autoritarismo político na região. Nas lembranças dos interlocutores/as, esses intendentes, chamados de coronéis

---

[15] Parte rural do município de Chaves no Marajó dos campos. A comercialização com o gado dessa região parece ser uma prática que tem sido realizada por vários anos. Durante minha estada em campo, observei que pelo menos um dos moradores viaja ao Cururu todos os anos e traz ao Mapuá gado e porcos. Uma transação comercial que envolve a venda e troca de madeira e farinha.

e patrões, eram violentos e tratavam os seringueiros-fregueses como objetos de exploração. Lógica até certo ponto herdada pelos sucessores Constantino Félix, Joaquim Hortas (herdeiros de Borges) e Antônio Joaquim Nascimento (herdeiro de Nobre).

Os seringueiros não tinham liberdade para sair do Mapuá, eram proibidos até mesmo de ter um casco. Na verdade, eram vigiados intensamente por homens armados e castigados com crueldade, em caso de desobediência às regras dos coronéis (TOCANTINS, 1973). Sistema em parte mantido pelo patrão Constantino, como se verifica no relato de seu Pedro Gonçalves (2017): *"só tinha a permissão de ir à vila Amélia quando fosse pra levar a produção"*. Segundo esse interlocutor, esse patrão cuidava dos fregueses, disponibilizando, em seu comércio, todo tipo de artigos necessários à sobrevivência. Acrescenta: *"quando ficava doente, o patrão cuidava até ficar bom"*. Ao contrário de Borges, Constantino cuidava do freguês, para que sua produção não fosse prejudicada.

No cuidado com os fregueses o patrão recorreu inclusive à ajuda divina, como sugere as lembranças de D. Irene Lobato. No ano de 1937, Constantino Félix construiu, na vila Amélia, o primeiro prédio da Igreja Nossa Senhora das Graças, em retribuição à promessa feita por ele a esta santa para livrar os fregueses da morte, provocada pela malária (chamada na época de Sezão). Narra D. Irene Lobato (2017):

> *Essa igreja, quando eu estava com 13 anos, ela foi fundada. [Quem fundou D. Irene?]. Foi o Constantino Félix. Nessa época, apareceu uma mortandade [provocada pela malária] aqui no Mapuá, e aí ele se pegou [...] e fez a promessa. Se a população dele não morresse, ele havia de trazer uma imagem de Nossa Senhora das Graças para fazer a festividade dela aí, por Deus do céu. A primeira igreja que ele mandou construir era na beira do campo [...].*

Após a criação da Igreja, lembra D. Irene, que o patrão e os fregueses passaram a fazer a festividade da santa, no início do mês de novembro, com procissão e participação das comunidades locais e, às vezes, de padres. Todavia, somente no ano de 1978 foi oficialmente reconhecida como comunidade. Seu Josimar da Silva recorda que o Frei Dolsé García chegou a ir ao Mapuá *"a remo"*[16], em uma viagem que durava três dias, para celebrar a novena em homenagem à santa da vila Amélia, considerada, pelos narradores, milagrosa e responsável pela proteção de todos os membros da comunidade.

---

[16] Expressão usada pela população local para dizer que a viagem foi feita em casco não motorizado, mas conduzido pela tração humana, ou seja, por pessoas fazendo o uso de remos para conduzir a navegação.

Frei Dolsé Porfírio García foi pároco da Igreja Católica em Breves na década de 1940. Esse religioso pertencia à Ordem dos Agostinianos Recoletos (OAR), que chegou ao Marajó em 1930. Pacheco (2009), historiador marajoara, relata que em fevereiro de 1899 aportou em solo brasileiro a Congregação dos Agostinianos Recoletos da Espanha e Índias, para iniciar, entre os diferentes povos desse território, um novo processo de recristianização. Em junho desse mesmo ano, a OAR desembarcou no Pará, tendo por objetivos

> [...] conter o avanço do protestantismo norte-americano, presente na região desde o século XIX; promover, com urgência, uma reforma política de evangelização, em vista de reavivar seu elã missionário, além de reorganizar as antigas ordens e nascimento de novas congregações. (PACHECO, 2009, p. 95).

Nessa perspectiva e influenciada pela forte onda católica vivida, na época, na Europa, em 14 de abril de 1928, a OAR obteve a elaboração da bula *Romanus Pontefex*, que cria a Prelazia de Marajó, com sede no município de Soure (PACHECO, 2009). O nascimento dessa Prelazia responde exatamente a um momento em que a Igreja Católica Oficial, com a finalidade de "fortalecer sacramentos, dogmas e prescrições de um viver popular regrado sob a égide da instituição que se recristianizava, assumiu a postura de implantar políticas de reeducação religiosa em todo o mundo" (PACHECO, 2009, p. 96). Pautado nos escritos de Fr. Sebastián Olalla Del Rio, Pacheco (2009) comenta, ainda, que, em função das singularidades da região, os agostinianos recoletos preconizaram um jeito particular para evangelizar, que ficou conhecido, entre os anos de 1930 e 1970, como desobriga.

Nessa performance religiosa, "o missionário visitava, anualmente, uma ou no máximo duas vezes cada lugar; depois desse momento, os fiéis ficavam livres das obrigações religiosas até a próxima visita" (PACHECO, 2009, p. 96). No Mapuá, em hipótese, o momento da desobriga praticado por de Fr. Dolsé ocorria em novembro, pela festa a Nossa Senhora das Graças, como sugere a leitura da Figura 4. Esta imagem registra uma procissão realizada em dois de novembro do ano de 1955, durante a festividade de Nossa Senhora das Graças, com a presença do padre Frei Dolsé Garcia; do respectivo dono da vila (Constantino Félix); e de algumas famílias locais.

Figura 4 – Registro da festividade de Nossa Senhora das Graças, Vila Amélia, em 1955

Foto: Dione Leão, 2015

Conforme as memórias dos interlocutores, essa procissão era realizada na beira do campo, onde, na época, os gados do patrão pastavam e onde foi colocado o primeiro prédio da igreja de Nossa Senhora das Graças. A lógica da procissão se dava da seguinte forma: as pessoas saíam da igreja carregando a imagem da santa – enfeitada com flores e folhas de açaí – no andor feito em madeira; davam a volta na beira do campo proferindo orações e cantos; retornavam à Igreja para continuar com as preces. Esse ritual permanece e sempre conta *"com a participação de membros de outras comunidades e de padres da cidade"* (GONÇALVES, 2017), criando simbolicamente realidades espirituais que contribuem com a manutenção da vida e a relação afetiva entre os comunitários.

Na festividade, as famílias participam de novenas, jogam bingos, fazem sorteios e leilões de prêmios doados pela própria comunidade, como frutas, farinha etc. Do recurso arrecado, 30% são destinados à paróquia e outra parte é usada na manutenção do prédio da Igreja e na realização de atividades religiosas. Ao lado do prédio da Igreja, os comunitários construíram uma pequena taberna para fazer vendas de pipocas e doces durante as celebrações, atividade realizada por seu Pedro, classificada como gratificante, por ser uma forma de retribuir à santa os milagres recebidos.

Lembra seu Pedro que, na festividade, muitas famílias praticam essa retribuição de várias formas, o que inclui desde a tradicional "vela e fita a oferendas com animais [...], valor em dinheiro", entre outros. No geral, as 44 famílias que formam essa comunidade – ligadas entre si por uma espécie de vínculo moral e laços de parentescos, amizade e compadrio – fizeram dessa santa um poderoso artefato simbólico-religioso. É possível sugerir que, entre receber o milagre e retribuir com a oferenda (oração, serviço prestado e outros), esse grupo costura, de certo modo, uma eficácia mística necessária para que os milagres e a proteção sejam sempre garantidos (MAUSS, 2017).

A imagem dessa santa é vista também como uma herança do patrão, expressa no depoimento de D. Irene Lobato: "[…] *foi ele que trouxe que deixou para nós*". Trata-se de um patrimônio ao qual os/as comunitários/as dedicam bastante cuidado e preocupação. Em 1978, Frei José Garcia reconheceu a vila Amélia como sede da comunidade Nossa Senhora das Graças e, desde então, aos domingos, os comunitários se reúnem para celebrar a Santa padroeira e professar a fé.

Vila Amélia, assim como as demais vilas, é um lugar de contato e sociabilidade cultural. Daí sugerir que o lugar tem uma dimensão pessoal e coletiva, e, tal como as coisas, exerce agência sobre as pessoas (VELTHEM, 2007; MILLER, 2013). O lugar em questão está, assim, intimamente ligado à memória e à história de cada família e sujeito que habitam a vila, a comunidade e o Mapuá, o que pressupõe sugerir ser este um território que abrange características políticas, culturais e identitárias (SILVA, 2013).

O cemitério indígena e a santa padroeira são os principais marcos de referência da história dessa vila e comunidade em temporalidades distintas. A imagem da santa remete-se há dois tempos: o tempo do patrão, quando o culto a essa santa começou em troca de promessa; e o tempo presente, em que as famílias continuam cultuando a santa escolhida pelo patrão. O cemitério, por sua vez, retrata especificamente a presença indígena no Mapuá, negada pela maioria dos/as interlocutores/as. Negação justificada pela imagem pejorativa que os colonizadores atribuíram aos indígenas para consolidar seu projeto colonial na Amazônia.

2.2.2 Vila e comunidade Santa Rita: história, famílias e heranças materiais

Figura 5 – Vila Santa Rita, comunidade Nossa Senhora das Graças, médio Mapuá

Fonte: Tadeu, 2022

De Porto Cumaru à vila Santa Rita. Situado às margens esquerda do rio Cumaru, alto Mapuá, Porto Cumaru, por vários anos, constitui-se em um poderoso porto de embarque da borracha e da madeira, construído pelo seringalista cearense Antônio Joaquim Nascimento (1888-1984). Na década de 1980, foi transformado em Vila Santa Rita, sob a liderança do atual proprietário, Orlando da Silva Miranda. É formada pela casa de morada, a casa de comércio e um casarão com mais de 60 anos. A vila congrega ainda o prédio da Igreja Santa Rita, o centro comunitário, o prédio da pastoral da criança, bem como o prédio da escola municipal Santa Rita, o alojamento dos professores e o posto de saúde, como indica a pintura (Figura 5).

Nas lembranças de seu Joaquim Rodrigues Nascimento, o avô Antônio Joaquim construiu a casa de morada e um grande comércio, onde hoje está a Vila Santa Rita. Nesse local, seu Aldo Leão do Nascimento, morador da cidade de Belém, lembra que o avô construiu um Engenho para produzir açúcar moreno, produto que vendia para o Acre a partir de uma rota pelo rio

Amazonas. Com o lucro dessa comercialização, Antônio Joaquim comprou parte dos seringais[17] que pertencia ao ex-patrão, o coronel José de Almeida Nobre, e montou ali no Porto Cumaru uma forte casa de comércio.

Assentada em ponto estratégico entre os rios Cumaru e Cumaruzinho, esse porto servia tanto para o patrão vigiar e controlar o acesso ao rio como para escoar a produção. Cumaru era o principal porto de encontro e zona de contato (PRATT, 1999), justamente por ser, como narra seu Orlando Miranda, *"o fim da linha"* para os barcos de médio porte encostar. Esse poderoso porto de venda e troca de mercadoria e borracha foi, de acordo com as memórias de Joaquim Nascimento, mantido por Raimundo Antônio do Nascimento até os anos de 1977, quando Antônio Joaquim vendeu suas terras à Companhia de Madeira São Miguel (Comig).

Essa comercialização foi realizada por um valor de 60 mil cruzeiros, como indicam os documentos de terra encontrados no Cartório de Registro de Imóveis em Breves. Antes, porém, na década de 1950, Raimundo Nascimento construiu no Porto Cumaru um casarão (Figura 6) em madeira de lei, símbolo de uma economia em decadência e de outra em ascensão. O casarão representa ainda o poder econômico dos nascimentos nesse espaço e constitui-se principal referência da história da vila Santa Rita e um poderoso suporte da memória de seus moradores mais antigos. É, em si, um lugar de memória (NORA, 1993), como é a própria memória do lugar.

---

[17] Verificamos que Antônio Joaquim comprou diferentes glebas ao longo do rio Mapuá e uma dessas áreas foi a localidade São Gabriel, onde morou por alguns anos antes de vendê-las.

Figura 6 – Casarão construído na década de 1950 na vila Santa, Rita, rio Cumaru, alto Mapuá

Fonte: Diogo Costa, 2015

Essa casa estilo barracão era habitada pelo patrão e sua família, bem como agregava o comércio dele e servia para acomodar os seringueiros-freguês quando vinham prestar contas e precisavam pernoitar. Durante a escuta etnográfica, percebi que quando os interlocutores se reportavam a esse casarão, suas lembranças eram rapidamente estimuladas. Tais reminiscências indicaram o casarão como um lugar com muita gente trabalhando e em trânsito. Era a casa do patrão, único espaço bem estruturado e com conforto. A memória, como indica Bachelard (2008), está ligada à imaginação sobre o espaço. Metaforicamente, essa casa é o abrigo, a proteção, a imagem do bem-estar do patrão e sua família. Nesse aspecto, a casa que cada um/a guarda é diferente daquela que se vê todos os domingos nas celebrações religiosas, porque a casa que guardam na memória não existe na realidade física, mas é construída pelas experiências, emoções, imaginação, percepções e segregação.

Essa casa é o símbolo e a representação do mundo criado pelo comércio da borracha no Mapuá, em seu segundo ciclo. Como indica a Figura 6, trata-se de uma casa grande, com dois pisos, coberta com telha de barro, duas portas e duas janelas na parte da frente. Essa casa possui 10 janelas na lateral, lado direito, e nove do lado esquerdo, acompanhado de uma porta no primeiro piso entre a terceira e quarta janelas. Na parte interna, do primeiro piso, tem-se uma sala ampla e, atrás, um pequeno corredor e uma sala, onde, até 2015, funcionava o comércio de seu Orlando. No segundo piso, alcançado por uma escada colocada próximo à porta de entrada, lado esquerdo, tem-se uma sala e quatro quartos.

No ano de 1978, seu Orlando Miranda passou a morar nesse casarão, dois anos depois, após comprar da empresa Comig, transformou em taberna, sempre procurando mantê-lo preservado por defini-lo como um patrimônio histórico. Com a chegada desse interlocutor nessa vila, notam-se algumas mudanças em relação à organização e articulação das famílias e do próprio cenário da vila, como a instauração da igreja e a implantação da escola no fim da década de 1970.

Seu Francisco Rodrigues da Silva, vizinho dessa vila, recorda que, devido ao envolvimento de seu Orlando com a Igreja Católica, incentivou aos demais moradores a articular e organizar a realização de celebrações religiosas nos dias de domingo, culminando na formação da comunidade Santa Rita e na integração entre as famílias. Narra seu Francisco da Silva (2017):

> O autor dessa comunidade aqui foi ele [...], o compadre Orlando [...]. Aí um dia ele inventou isso, ele falou assim para mim: Rodrigues, vamos fazer um culto aqui no barracão? Não tem ninguém aqui. [...]. A gente só via padre de ano a ano né, quando o padre vinha. Eu disse: culto? Ele, sim, culto dominical que a gente faz no interior. [...]. Era bem pouca gente que sabia ler também. Sei que ele ajeitou umas pessoas lá. [...]. Sei que ele foi lá para o São Miguel e arrumou uma folhinha, o legionário, como a gente chama hoje. [...]. Assim, nós trabalhamos uns anos assim [...]. Aí o padre veio e nós falamos para ele. Aí ele disse é [...] vão trabalhando aí que o próximo ano a gente vai melhorar [...]. Aí fomos trabalhando, trabalhando quase nove anos eu com ele. Foi ajeitando, ajeitando, aí pegamos arranjamos o primeiro leitor, o segundo leitor, o comentarista, o salmista e fomos levando e hoje está do tamanho que está graças a Deus por isso.

As informações dadas por este interlocutor sugerem que a formação da comunidade Santa Rita tem um forte vínculo com a Igreja Católica. É bom lembrar que nos anos de 1960, bispos, padres e leigos no país, orientados pela chamada Teologia da Libertação, instituíram as Comunidades Eclesiais de Bases (CEB's), que resultou na criação de igrejas e capelas para celebração de missas e cultos aos domingos em várias comunidades rurais e urbanas do país (LOPES, 2012). Para além da questão religiosa, é possível observar que as CEB's desenvolveram um papel também político e social, e, com isso, contribuíram para introduzir e estabelecer uma nova relação de cidadania nos espaços rurais da Amazônia brasileira (MAUÉS, 2010).

No Marajó, essa situação pode ser observada em realidades como a do município de Gurupá, onde as CEB's tiveram uma forte atuação (LOPES, 2012). Em Breves, as CEB's começaram a ser formadas em meados da década de 1970, sob a decisão dos padres, para os quais as capelas no meio rural deveriam ser criadas com o foco no aspecto religioso. Embora a ênfase na religiosidade, observa-se que no caso do Mapuá, as CEB's, em hipótese corroboraram o engajamento e a organização dos moradores, principalmente nos anos 90, quando se efetiva a luta desse grupo pelo direito ao uso e acesso à terra tradicionalmente ocupada (ALMEIDA, 2008).

Seu Francisco recorda ainda que, em 1978, o padre José Garcia oficializou a formação da comunidade, cuja padroeira era Perpétuo Socorro, mas que, por decisão desse clero, Santa Rita se tornou a nova padroeira.

> *Essa comunidade, a primeira padroeira daí era a Perpétuo Socorro. Aí fomos fazendo assim, até chegou à vez do padre. E ele foi escolher como era que era para ser. Já estava formada a comunidade, já era bem formada já. Como era para ser, a padroeira era a Perpétuo Socorro. Aí ele falou não. Vamos homenagear a dona do lugar que era, a esposa do chefe que era. Que era Rita né, Maria Rita. Aí ele disse: temos que ficar com uma lembrança. Aí ele foi e escolheu a Santa Rita como padroeira [...] o padre era o frei José [...]. Maria Rita era a esposa de Antônio Joaquim Nascimento [...]* (FRANCISCO DA SILVA, 2017).

Em obediência ao padre, os moradores passaram, desde então, a cultuar Santa Rita todos os domingos, na celebração que começa às 9 horas, presidida, atualmente, por D. Rita Nascimento, esposa de seu Orlando Miranda e bisneta da homenageada. Dona Rita é uma das poucas mulheres que desempenham papel de liderança nesse rio, muito em parte influenciada pelo marido, que assegura estar preparando a mulher para assumir seu lugar. Sob a liderança dessa mulher, as celebrações se configuram em momentos de interações culturais. Pelo observado, após a celebração, as pessoas permanecem na vila para conversarem sobre a comunidade. Todos procuram de alguma forma conversar com o compadre e vizinho Orlando, que, do banco de madeira colocado na porta de sua taberna ou do trapiche da igreja, conversa e conta suas histórias, além de fornecer notícias a quem pergunta.

Na dinâmica religiosa, a celebração maior ocorre em maio, durante a festividade da padroeira, iniciada e concluída com ladainhas. É um ato que, segundo os interlocutores, envolve muita gente, incluindo visitantes e membros da comunidade, formada por 230 famílias. A maioria dessas famílias descende de cearenses que migraram ao Mapuá aviadas principalmente por Antônio Joaquim. Conta seu Aldo Nascimento que o avô trouxe várias famílias cearenses para trabalhar nas colocações de borracha do patrão José Nobre. Muitos dos migrantes trouxeram suas esposas, filhos e filhas, que se casaram entre si e com nativos da região, dando origem às várias famílias que hoje habitam e praticam os diferentes espaços no Mapuá. Essas famílias estão ligadas entre si pelos laços de parentesco, amizade e compadrio.

Não é demais lembrar que o sistema de compadrio trazido pela cultura ibérica é um importante traço social que permite, no espaço rural, as pessoas estabelecerem entre si uma relação além do círculo familiar, estendendo-se para a vida econômica e política (WAGLEY, 1988). No período da borracha, o compadrio foi importante para assegurar, entre o patrão e o freguês, reciprocidade e afetividade que, em todo caso, beneficiava o patrão. Esse sistema eliminava o antagonismo da relação trabalhista e facilitava as transações econômicas e, também, políticas, uma vez que o compadre-freguês estendia favores ao compadre-patrão (FUTEMMA, 2006).

De caráter paternalista, o compadrio representava para o freguês certa segurança e proteção material e espiritual para seu filho. Levar o patrão como padrinho do filho era uma tática adotada para mostrar uma relação mais próxima e familiar com o patrão. Tornar-se compadre de batismo do patrão – e até compadre de fogueira – representava, para os fregueses, prestígio social e, em certa medida, garantia de comercializar seus produtos. Contudo, para o patrão, o compadrio representava uma importante estratégia de manter-se no poder, visto que o freguês jamais batizava o filho do patrão (MIRANDA NETO, 1976).

Hoje em dia, essa prática pode ser vista como um elemento que expressa a relação de parentesco construída por meio da convivência e afeto entre as famílias no Mapuá. Durante a vivência etnográfica, acompanhei, em diferentes momentos, crianças e adolescentes chamando seu Orlando de padrinho. É possível dizer que, nessa relação, esse interlocutor desempenha a função do patrão para as famílias, não com a mesma conotação do passado, mas que, em todo caso, representa condição de prestígio social na comunidade. Por outro lado, o compadrio também indica que as famílias, na comunidade Santa Rita, estão ligadas por uma relação de parentesco não consanguíneo.

Na primeira vez que estive nessa vila para realizar a pesquisa, contei com a companhia do orientador (Diogo Costa) e colegas do curso (Ana Smith, Dione Leão, Leonildo Guedes e Joel Pantoja). Chegamos a essa vila em uma tarde de junho e assim que encostamos com nosso barco no *trapiche* da Igreja "Santa Rita", professor Diogo e eu fomos ao encontro de seu Orlando. Ainda no trapiche da Igreja, encontramos com D. Rita, que nos informou o paradeiro do marido, o pequeno comércio (cantina/taberna), localizado no antigo casarão. Caminhamos pela ponte de madeira até o casarão e encontramos esse senhor atendendo a um comunitário que comprava algum produto que, na hora, não consegui identificar. Em uma rápida conversa, seu Orlando nos indicou um suposto monte de Terra Preta[18] identificado na área de seu Francisco Alves Fialho, conhecido como Chiquinho, comunidade Perpétuo Socorro, próxima à Vila Santa Rita. Seu Orlando nos falou ainda do cemitério Santa Rita, observando que lá havia lápides bastante antigas. Também se lembrou da Cruz Milagrosa, artefato que tem fama e prestígio na região pelos milagres concedidos aos fiéis.

Essas e outras ocorrências arqueológicas, especialmente do período da borracha, permitem identificar uma hierarquização dos espaços ocupados e praticados pela elite local e pelos seringueiros. A elite ocupava os lugares em confluência com os rios e os seringueiros os espaços mais distantes, por dentro de braços e igarapés. Um diferencial e marco característico dessa vila e comunidade em relação às demais é o fato de não ser originada por um migrante português, mas por um cearense que, inclusive, arquitetou a vinda de muitos de seus conterrâneos, que, por conseguinte, tornaram-se seus subordinados. Outro diferencial se refere à questão de Santa Rita ser a única vila originada pelos patrões da borracha que não está assentada em uma porção de terra firme. Na área dessa comunidade, nota-se ainda que algumas habitações estão próximas entre si e apresentam uma estrutura arquitetônica com detalhes no telhado e trapiche.

---

[18] Em agosto de 2017, estive na localidade para verificar de perto a história da terra alta preta. É de fato um monte de terra às margens de um igarapé chamado Jupati, onde os moradores costumam fazer plantações. Em conversa informal com José, morador local que nos conduziu (o guia e eu) até esse monte de terra, fiquei sabendo que, nessa área, as plantações são menores, a mandioca e qualquer outra cultura crescem muito pouco. Esse morador me relatou que, antigamente, quando se plantava nessa porção de terra, as plantas eram bem viçosas, mas ultimamente tem ocorrido o contrário.

2.2.3 Vila e comunidade Nossa Senhora de Nazaré: história, famílias e heranças coloniais

Figura 7 – Croqui da Vila Nossa Senhora de Nazaré, Lago do Jacaré, alto Mapuá

Fonte: Tadeu, 2022

À margem direita do lago do Jacaré está localizada a vila Nossa Senhora de Nazaré (Figura 7), formada por filhos e filhas, netos e netas, noras, genros, bisnetos e bisnetas de D. Irene Horta Tavares (1926-2021), neta do português Joaquim Nunes Horta (1864-1948), quem deu origem à essa vila. No fim do século XIX, de acordo com as memórias narradas de D. Irene e de seu cunhado, Eurico Tavares, esse português chegou ao Mapuá, em hipótese, por influência do coronel Lourenço Borges. No local onde hoje está a vila Nossa Senhora de Nazaré, construiu sua casa de morada e um grande comércio, mantido com a exploração da borracha e o sistema de aviamento.

Narra D. Irene (2016):

> *A casa dele era acolá, onde mora o meu filho [na direção do meio para o final do Lago], onde ele tinha um comércio forte, desse lado ele tinha muita gente trabalhando com ele. Só com o comércio. Depois ele foi para a Carnaúba [casa construída do lado esquerdo do lago do jacaré, onde atualmente fica a vila Carnaúba], já estava mais fraco.*

A interlocutora lembrou que quando o comércio do avô era forte, tinha *"todo tipo de mercadoria"* (alimentação, roupa, remédio, calçado, louça), vinda de Belém, as quais trocava com borracha e farinha. Algum tempo depois, o comércio do avô já em sinais de falência, provavelmente por causa da crise do primeiro ciclo da borracha, mudou de lugar. Joaquim Horta construiu, do outro lado do lago, sua segunda casa de comércio, um espaço modesto comparado à primeira casa. Nos dias de hoje, nesse local fica a vila Carnaúba, nome que se deu em função da árvore de carnaúba[19], que supostamente Joaquim Horta trouxe de Portugal.

Na área dessas vilas, quando o volume de água diminui, é possível perceber várias estacas (esteios) afincadas à margem do lago, em certa distância, indicando tratar-se de uma estrutura grande, que alcançava possivelmente metade do lago. No imaginário local, veicula-se a perspectiva de ser uma ponte que atravessava da primeira casa de Joaquim Horta ao comércio na margem oposta. Há ainda a hipótese de ser parte da estrutura de uma igreja, construída por missionários portugueses no fim do século XVII e destruída pelos indígenas. Também se imagina que essa igreja pode ter sido construída por Joaquim Horta, contendo *"crucifixos, castiçais e altar banhado em ouro"* (JORGE MIRANDA, 2015).

Essa história atraiu muitos curiosos, mas que, até o momento, nada de comprobatório foi encontrado, o que coloca em dúvida a existência dela, embora não se possa refutar totalmente, pois é possível que o português, devoto de Nossa Senhora de Nazaré, tenha erguido uma igrejinha nesse espaço. Verificamos que Joaquim Horta trouxe como parte de sua bagagem um quadro com a imagem dessa santa, o que indica a devoção desse seringalista português. Esse quadro pode ser considerado o principal artefato de fé da família Horta no Mapuá e o objeto que liga essa família à sua ancestralidade europeia.

É pertinente lembrar que com a expulsão dos Jesuítas, no século XVIII, os Capuchinhos tentaram realizar, na Amazônia, no decorrer do século XIX, um trabalho missionário que não alcançou a todos (PACHECO, 2009). No Marajó, há registros de missões em Portel e Gurupá. Nos demais municípios marajoaras, as missões religiosas só passam a ser percebidas no fim do século XIX, com a chegada dos Agostinianos Recoletos, logo, cada família cuidava de sua espiritualidade conforme suas crenças e costumes, o que explica as imagens de santo e diferentes artefatos de caráter religioso.

---

[19] Durante as missões religiosas, estratégia importante para consolidar os interesses econômicos e comerciais do projeto colonial português na Amazônia, diferentes plantas foram introduzidas pelos missionários nessa região, a exemplo de bananeiras, laranjeiras, entre outras (COSTA, 2017).

No percurso etnográfico, percebi que a imagem de Nossa Senhora de Nazaré da família Horta ocupa espaço de destaque na Igreja de mesmo nome. Está afixada na parede do lado direito, próximo ao altar. Pelo que observei, a cada celebração, as pessoas se dirigem até a imagem para venerá-la e pedir-lhes proteção. Para todos os membros da família Horta, essa santa é muito poderosa, e para ilustrar esse poder, sempre narram um episódio ocorrido há alguns anos. Lembram os moradores que certo dia de verão forte, *"[...] de repente, começou a pegar fogo, queimou tudinho o prédio da igreja [...]. Pegou fogo em tudo. Tudo foi queimado, só que ficou perfeitinha foi esta santa. Nada se salvou, mas ela estava lá perfeita"* (JORGE MIRANDA, 2017).

Integra o pacote de herança que forma as memórias e histórias dessa comunidade um cemitério de sepultamento antigo, com tumbas do fim do século XIX. O imaginário local sugere que esse cemitério era destinado ao enterramento de pessoas de posses e muitas pessoas foram enterradas com joias, como é o caso de Joaquim Horta, que segundo seus herdeiros foi enterrado com cordão, dobrões, abotoaduras de ouro. Seu Eurico Tavares, lavrador e aposentado, comenta: *"[...] o caixão dele era pesado por causa do ouro"*. Fato que atraiu curiosos e interessados no suposto ouro, como um vereador e um empresário local que inclusive chegaram a levar um especialista em detectar metais, o qual, segundo seu Jorge Miranda (2017), lavrador, vigia e carpinteiro, genro de D. Irene, confirmou a presença de ouro no cemitério, mas que os herdeiros não permitiram escavar.

De acordo com as memórias apreendidas dos irmãos Hortas, com a morte do bisavô, o avô paterno e sua tia-avó, Josephina Filha, conhecida por Finoca, herdaram as terras e o comércio do pai, possivelmente vendidos por Finoca a Constantino Félix, genro de Joaquim. Assim, passaram vários anos trabalhando para os Félix, período em que se organizaram e formaram uma grande família. No fim da década de 1980, contrários à coerção imposta pelos Félix, promoveram um conflito territorial e familiar que levou à saída do patrão, após derrota na justiça. Episódio que permitiu libertarem o Mapuá do *"cativeiro"*, nas palavras de seu José Hortas (2017), e oficializarem-se como comunidade pela paróquia de Breves, em 11 de julho de 1984.

Nessa dinâmica, a vila Nossa Senhora de Nazaré, nome dado em homenagem a essa santa, tornou-se a sede da comunidade de mesmo nome, dirigida inicialmente por seu Jorge Miranda. Atualmente, é formada por 145 famílias, a maioria descendente de D. Irene Horta. Com a formação da comunidade, a família Horta do Mapuá passou a se reunir aos domingos para celebrar a santa que tanto veneram. Conforme Nazareno Horta Moraes Jr. (2017), neto de D. Irene e atual dirigente da comunidade, a formação desta *"[...] trouxe harmonia espiritual e comunitária para as famílias"*, e para manter essa suposta harmonia, não permitem a criação de igrejas evangélicas. Em seu entendimento, *"[...] outras religiões podem trazer discórdia para os moradores"*, não só religiosa, mas política, social e econômica. Há nitidamente aqui uma disputa de poder político e eclesial (PACHECO, 2009), que repercute em todo o Mapuá e explica a hegemonia do catolicismo popular nessa região.

Por ser uma comunidade formada por descendentes de D. Irene Horta, é possível considerar como uma espécie de matriarcado. Porém, essa matriarca não desempenhava papel de liderança e poder na comunidade, esse posto é assumido pelo filho, Sebastião Horta, com quem morava. A matrilinearidade de D. Irene se dava em função de ter sido, nesses tempos, a principal progenitora da família Horta no Mapuá, isto é, dela descendem os membros que formam as três principais vilas no alto Mapuá (Nossa Senhora de Nazaré, Carnaúba e Santa Maria), o que indica ser um matriarcado genealógico, conforme a perspectiva de Lévi-Strauss (1982).

A arqueóloga americana Roosevelt (1992) sugeriu que a sociedade marajoara era do tipo matrilinear, pensamento não partilhado por Schaan (2003), por entender que as mulheres não exerciam o poder político, como é o caso no Mapuá. Todavia, não descartou a ideia de que, no período pré-colonial das Américas, o matriarcado fosse comum, cujos chefes eram nomeados conforme filiação pela linha materna.

Na sociedade marajoara, embora não confirme que seja matrilinear, Schaan (2003) reconhece que as mulheres apresentam, dentro da mitologia amazônica, prerrogativas especiais, o que repercute na organização social. Observa a autora que a presença feminina é um traço marcante na iconografia da cerâmica marajoara, simbolizada, principalmente, pela mitológica serpente, considerada um ancestral da linhagem feminina. Entende a autora ser a mulher a principal responsável pela relação com o sobrenatural e, provavelmente, com os antepassados. Mas isso não significa que a mulher exercia o poder político, apesar de sua influência ser notável.

Na era atual, Schaan (2009c) observa que no interior da Amazônia, entre as sociedades tradicionais, a relação de gênero se apresenta bastante desigual. A mulher em sua maioria atende às determinações do marido ou do pai, considerado o chefe da casa, que, como tal, não só recebe os visitantes como toma todas as decisões (SCHAAN, 2009c). No Mapuá, a pesquisa revelou que, em situações muito particulares, algumas mulheres desempenham papel de liderança comunitária, porém quase sempre sob a custódia dos homens, os quais realmente tomam as decisões. Isso nos mostra que há, de fato, uma diferença entre gênero como categoria cultural na realidade amazônica e a forma como essa categoria é percebida, negociada e materializada no constituir das relações sociais pelos coletivos.

No caso de D. Irene, cabe considerar que, mesmo sem poder de decisão na comunidade, tinha influência na organização social de sua família. Os filhos demonstraram levar em conta, nas suas próprias decisões, o que poderia ou não agradar à mãe. Isso significa que indiretamente as decisões tinham participação dessa matriarca, que faleceu em 2021. Durante minha vivência etnográfica percebi que D. Irene era consultada pelos filhos e netos sobre as questões da Igreja e/ou casos particulares. Todos demonstravam muito respeito e preocupação com a matriarca da família, que em vida acordava antes das 6 horas da manhã, fumava no cachimbo várias vezes ao dia e estava sempre atenta aos acontecimentos.

Na vila Nossa Senhora de Nazaré, além das várias casas dos filhos, filhas, netos e netas de D. Irene, tem-se ainda o prédio da escola Joaquim Nunes Horta, o alojamento dos professores, o prédio da Igreja, o Centro comunitário e casa de show (local de festa). A água consumida pelas famílias é retirada do poço, com ajuda do gerador de luz. Moradores como Zacarias Horta, um dos cinco professores da família, que trabalha na escola, cujo nome homenageia o tetravô, paga pelo serviço da internet, assim como de TV via satélite. Zacarias tem uma casa de show, uma pequena taberna, tal como o tio Sebastião Horta, o qual também tem algumas cabeças de gado bovino que cria em uma área próxima à vila.

Como nas demais vilas, percebi que muitos moradores compram sua alimentação quase que diariamente, tanto de seu Sabá, o patrão de uma parte da família, como de Zacarias e regatões que por lá transitam em suas *rabetas*, levando principalmente frango, peixe, pão e açaí. Na interação diária, fui observando que, além das celebrações religiosas responsáveis por reunir as famílias em comunidade, registra-se a proximidade espacial e, com bastante frequência, o casamento entre primos cruzados. Para Dirse Kern (1998, p. 3), "as pessoas que vivem no alto Mapuá apresentam características físicas diferenciadas do caboclo marajoara. Com raras exceções, apresentam olhos claros, tez clara, traços faciais finos que denunciam a descendência portuguesa", características que não podem ser atribuídas às pessoas em geral, mas a filhos, netos e sobrinhos de D. Irene. Algumas famílias que vivem no alto descendem de nativos e nordestinos, que também formaram família com os descendentes portugueses.

Na composição da morfologia espacial dessa vila e comunidade, o cemitério e a árvore de carnaúba são os símbolos materiais que, juntamente da imagem da santa padroeira, narram como os Horta ocuparam e praticaram o espaço no Mapuá, especificamente o Lago do Jacaré. Esses símbolos representam, para os moradores, suportes das memórias culturais, que, na acepção de Costa (2014), apreende tanto os discursos referentes ao passado quanto a depoimentos produzidos no presente. A memória cultural é, nesse sentido, um ato de construção social em que passado e presente estão em permanente conexão. O passado se entrelaça à história de vida das famílias e da comunidade, principalmente no interesse defendido por esse coletivo.

Na área da vila, especialmente nas proximidades onde se supõe ser o local da casa de Joaquim Horta, conforme a lembrança da neta, é possível identificar pedaços de cerâmicas e louças de origem portuguesa. Há, ainda, tijolos que são encontrados em determinados lugares na floresta e grés coloniais. A materialidade que conta a história dessa vila e comunidade se encontra, portanto, registrada não somente na memória e/ou no espaço praticado, mas nos objetos que se encontram abandonados pela floresta e nas coisas produzidas, consumidas, comercializadas, preservadas e descartadas pelas famílias cotidianamente.

2.3.4 Os moradores e os espaços praticados: tecendo sociabilidades e espiritualidades em sintonia com o rio e a floresta

As histórias narradas de cada vila e comunidade sugerem que a formação dessas unidades resulta de um processo em que os espaços foram sendo ocupados dentro de uma dialética de exploração e controle dos recursos naturais pelos seringalistas, supostos donos da terra. As vilas, nessa performance espacial, caracterizavam-se como centros estratégicos do poder local, estabelecidos e manipulados pelos patrões. Mas, para além dessa relação de exploração e submissão, percebe-se que esses espaços também resultam da sociabilidade de diferentes grupos, bem como da afetividade e espiritualidade em sintonia com os segredos de rios e florestas.

Na dinâmica marajoara, como escreve Pacheco (2009, p. 50):

> Populações locais sempre sensíveis e sintonizadas aos mistérios
> da floresta amazônica produziram inteligíveis modos de vida
> e trabalho, os quais vêm permitindo-lhes dialogar e respeitar
> a temporalidades dos indissociáveis reinos: humano, vegetal,
> animal e mineral garantidor do sustento de seu dia-a-dia.

Pacheco (2009) sugere, nesse sentido, que a ocupação dos espaços não se dá alheia à relação que as famílias estabelecem com o meio ambiente e sua dinâmica temporal, uma relação que não se resume à marcação territorial e ao controle patronal. É possível afiançar que essa relação se dá, por um lado, na base da exploração dos recursos naturais, orientado por uma racionalidade burguesa; e, por outro lado, na interação com a terra, a floresta, o rio e o sobrenatural, que se observa por meio da construção de táticas para garantir a cura do corpo, em sua forma física e espiritual.

Daí concluir que o processo de prática da natureza não é uniforme, é um processo interligado ao acesso e ao uso do rio e da floresta, em que flora e fauna se encontram, em movimento, ou seja, que tem agenciamento sobre as pessoas. É, então, uma relação em que cultura e natureza têm agência uma sobre a outra. O processo de espacialização, desse modo, abrange práticas cotidianamente atualizadas, negociadas e socializadas dentro de uma relação integracional, que aqui será tratado em duas vertentes: o trabalho (e a produção material) e a religiosidade, canais responsáveis por movimentar as redes de sociabilidades e a ocupação dos espaços no Mapuá.

Pelo trabalho e religiosidade, cotidianamente, as pessoas criam simbolicamente realidades virtuais, simbólicas, materiais e espirituais que contribuem para manter e integrar a vida em sociedade. São mecanismos que permitem reafirmar a estrutura interna de cada família e comunidade na relação com o natural e o sobrenatural. Trabalho e religião são linguagens, expressões, códigos, performances de vida que, embora assumam feições diferentes, envolvem produção e ressignificação de saberes e poderes locais, traduzidos e refletidos nas coisas e logística geográfica de rio e floresta.

2.3.4.1 Uma antropologia das coisas e da produção familiar: o trabalho e as redes de trocas e sociabilidades sob o regime das águas

No Mapuá, não diferente de outras áreas de várzea da região, é o movimento das águas que define o calendário de trabalho e produção das famílias. A alternância sazonal entre inverno e verão amazônico provoca mudanças nas condições de produção, consumo e comercialização. A partir do fim de maio, a terra passa a ser preparada (tirar o mato, derrubar árvores, queimar folhas e galhos secos) para o plantio da roça, atividade que só ocorre, de fato, no fim de agosto e, principalmente, em setembro, quando se termina a limpeza da área e a terra está mais seca.

Narra seu José Horta (2017), agricultor, filho de D. Irene Horta:

> *Aquela roça limpa a gente pega a enxada vai cavar a terra, de lá pega a maniva e vai cortando aqueles pedacinhos e vai semeando. Primeiro semeia tudinho naquelas covas, de lá vai cobrindo bem coberto, porque se deixar aquele bolão em cima da maniva, não nasce [...]. Quando nascer e ela estiver com uma média assim [fez gestos com as mãos], 80 cm de altura a gente capina com a enxada quial, quial, [som que tentou reproduzir do atrito da ferramenta com a terra] que ela rapa tudo a terra para matar aquele [mato]. [...]. A gente vai capinando com o terçado. Quando ela está madura a gente arranca e carrega para cá [casa de farinha]. Chega na casa de farinha vai raspar [...] sevar, imprensar. Depois vai jogar no forno e [...] torrar a farinha.*

Vê-se que a produção da farinha é um trabalho desenvolvido, ao menos, em dois ambientes, a roça e as casas de farinha. Na feitura da roça, o primeiro passo, tal como relatado por Eduardo Galvão (1955, p. 18) em Itá/Gurupá, é escolher um "pedaço de mata, de preferência situado em lugar livre das enchentes".

No Mapuá, atualmente cada família deve fazer essa escolha dentro de sua colocação, não podendo utilizar outro espaço. Além disso, a abertura de uma nova roça não pode ser em mata considerada "virgem", por configurar uma prática predatória. A roça, entendida como forma de apropriação da natureza e processo cultural demarcado por meio de uma relação simbólica com o lugar, deve ser feita em áreas de capoeira, como estabelece o Plano de Uso da Resex. Todavia, nem sempre é possível seguir a regra. Muitas famílias entendem que a mata deve ser preservada, porém precisam de terra para cultivar a mandioca e garantir o próprio sustento. Isso mostra que "as condições econômicas interferem de maneira profunda" (WEBER, 2009, p. 260), nas relações comunitárias dentro da reserva e na relação natureza-cultura (LATOUR, 2009).

O trabalho na roça é visto pelos narradores como árduo e cansativo, por isso, normalmente, os vizinhos e compadres se ajudam, fazendo o chamado convidado[20]. Tática comumente utilizada para trocar não só a força de

---

[20] Quando uma família precisa de ajuda no preparo da roça, retirada da madeira ou em outra atividade, convidam-se os vizinhos, normalmente o compadre, para ajudar na realização das tarefas e, quando o compadre precisa, retribui-se o convite. É um acontecimento que envolve trocas materiais e simbólicas. Lógica que, para Marcel Mauss (2017), contraria a visão dicotômica típica do capitalismo-moderno, pois se tem, aqui, uma ação social em

trabalho, como também ressignificar saberes, experiências, práticas materiais e sociais. Com o solo limpo, homens e mulheres se revezam plantando a maniva. Cultivam ainda arroz, milho e melancia em menor quantidade. Periodicamente, vai-se à roça para retirar o mato rasteiro e garantir uma boa produção. A área só pode ser cultivada uma vez a cada ano, pois é necessário deixar o solo se restabelecer por cerca de cinco anos, devido ficar praticamente improdutivo. Para ajudar nessa recuperação do solo, outros cultivos são efetivados, a exemplo do abacaxi, da banana e do açaí.

Com a roça "madura", de acordo com a narrativa de seu José, inicia-se a colheita da mandioca. Percebi que essa é uma atividade feita quase sempre pelos homens, sobretudo entre a família Horta. Com ajuda de um terçado, a mandioca é arrancada do solo e transportada dentro de paneiros e/ou *jamachi* (tipo de cesto, em forma de mochila, feito com tala de arumã para carregar nas costas) até a casa de farinha, chamada também de casa de forno. Na casa de farinha, a mandioca passa por um intenso processo que envolve toda a família. Primeiro, a mandioca é descascada, lavada e ceivada/ralada; depois, prensada, peneirada, escaldada e torrada. É um processo demorado exatamente por envolver várias etapas que resultam não só na produção da farinha, mas em diferentes produtos[21], comumente vendidos e, em grande parte, consumidos pelas famílias (COSTA, 2017).

Na vivência etnográfica, observei que a produção da farinha e derivados não se resume a um trabalho, mas se configura em um momento de sociabilidade familiar e comunitária. Todos os membros da família (pai, mãe, filhos, netos, primos, compadres) participam dessa atividade. As crianças, desde bem pequenas, circulam entre os adultos pela casa de farinha e acompanham todo o processo. Os métodos usados, como observou Charles Wagley (1988, p. 58), em Gurupá, "são, em essência, os mesmos dos índios das tribos amazônicas", compreensão partilhada por seu Roque Pinto (2017), ao narrar: "os mesmos costumes que era, continua; a mesma ideia que os índios tinham a gente continua" sugerindo uma ocupação de longa duração (BRAUDEL, 2016).

---

interação, movimento que Mauss (2017) discute por meio do que ele chamou de dádiva e sua tríplice obrigação: dar, receber e retribuir. O convidado pode ser ainda definido como um traço característico de solidariedade das comunidades rurais na Amazônia (GALVÃO, 1955).

[21] Além da tradicional farinha, produz-se, com a mandioca, o *Beiju* (conhecida como tapioquinha feita de uma massa fina retirada da mandioca e o beiju *chica*, feito da mandioca branca); *Tacacá* (goma feita da massa da mandioca); Mingau de *cruera* (chama-se *cruera*, talos, pedaços da massa da mandioca que não se consegue peneirar. Essa sobra, depois de secada no sol, ralada e peneirada é transformada em mingau); *Caribé* (tipo de mingau feito da farinha d´água) e o *tucupi* (líquido amarelo retirado da massa da mandioca, usado no tacacá e em outros pratos).

A mudança parece que se dá somente entre os objetos utilizados. Antes não se usava o motor para ceivar. O objeto principal era o ralo e no lugar da prensa o *tipiti*. Mudança considerada importante pelos interlocutores para aumentar a quantidade da produção. Além do motor, a produção da farinha envolve o uso de artefatos confeccionados com recursos da floresta e louças compradas. D. Maria Mendes (2017) revelou que os objetos produzidos pelas famílias têm uma determinada durabilidade, os construídos com a tala do arumã chegam a durar até um ano e os confeccionados em madeira, como a casa de forno, prensa e outros, duram vários anos.

As casas de farinha, como ilustrado na Figura 8, normalmente são construídas próximas ao rio, com telhado de palha. Na disposição espacial interna dessas casas, as coisas (forno, gamelas, rodo, espremedor, prensa, peneira, paneiro, baldes, saca de fibra, motor a diesel) ocupam um determinado espaço, ou como reitera Lucia Van Velthem (2007, p. 613), encontram-se "sentados em seu canto". Há coisas que estão fixas no chão (como a prensa e a gamela); outras não são fixas (a exemplo do rodo e *jamachi*). Como indica a leitura de Velthem (2007, p. 613), tais objetos estão descansando "sobre os grandes artefatos", ou comenta Costa (2017, p. 358), "suspensos em suportes colocados nos esteios/pilares das casas".

Figura 8 – Casa de Farinha às margens do braço do lago do Jacaré

Fonte: a autora, 2017

Cada coisa é nominalmente identificada, o que lhe fornece uma espécie de "identidade" e biografia, permitindo sua inserção cultural. Para Velthem (2097, p. 626), a identificação nominal atribui às coisas um palco de atuação semelhante ao humano, que, em sua compreensão, pode ser "traduzida pela mesma organização de trabalho no processamento da mandioca". Interpreto que esse "processo propicia às 'coisas', bem como às pessoas, meios de sociabilidade" (COSTA, 2017, p. 358), que permite indicar uma intensa integração entre coisas e pessoas, tal como entende Ingold (2012).

A casa de forno, em cada vila que pesquisei, consiste em um espaço utilizado por todas as famílias que vivem nas vilas ou próximo a elas. Os objetos fixos, feitos pelos homens com madeiras *"[...] dura como o Angelim, Acapú, Massaranduba e Pracuúba"* (ANTONIO GALO, 2016), são partilhados por todos, já os objetos não fixos, cada família tem os seus. O trabalho da roça é o único que não se pode deixar de praticar, pois, como esclarece D. Maria Mendes, "um ano que se deixa de fazer roça, são dois anos comprando farinha". Na prática, significa fome e escassez, até porque a farinha é a principal referência da economia no rio Mapuá. Sua produção não se reduz ao consumo, inclui a comercialização e, por conseguinte, o vestir, calçar, medicar, que, em geral, permite dar o mínimo de conforto às famílias.

Outra atividade praticada pelos moradores e que contribui com a renda e o consumo é a pesca realizada no verão. No alto Mapuá, observei que, ao longo do dia, de preferência à tarde, as gentes de rio, dentro de cascos ou rabetas, percorrendo os lagos e igarapés para baixo e para cima, recorrem às suas práticas e conhecimento sobre a flora local utilizando poderosos artefatos de sua cultura material para capturar os diferentes peixes. Observamos que para cada tipo de pescado, desenvolveram táticas e artefatos que expressam o saber-fazer e a capacidade inteligível e criativa dos moradores em manejar o ambiente, orientados por perspectivas cosmológicas ameríndias em diálogo com diferentes culturas, aspecto que contradiz os preceitos do determinismo ecológico norte-americano, defendidos por Meggers e Evans (1954).

Nessa dinâmica, muitos têm o local estratégico para colocar a rede de pesca e o cacuri; armar o maçará (nas cabeceiras dos igarapés para capturar traíras) e jogar o anzol. Um desses espaços é o lago Chato, que, para os moradores, é um lugar em que todos gostam de pescar porque sempre tem muito peixes. Na breve ida a esse lago, constatei que não é apenas um lugar para se pescar, mas constitui-se em um importante espaço de sociabilidade e intercâmbio entre os moradores. Ao mesmo tempo em que a pesca ocorre, acontece o diálogo entre os agentes sobre diferentes temas, num intenso intercâmbio de ideias que contribuem para reorientar suas práticas culturais e materiais.

Na prática da pesca, as narrativas revelaram que quase sempre moradores mais experientes recorrem a mandingas para curar a linha e/ou a vara com anzol, artefato mais comum entre os agentes. Curar ou benzer os artefatos para caçar e pescar no interior da Amazônia é uma prática adotada para se livrar da panemagem, definida por Galvão (1955, p. 15) como uma "força mágica que incapacita o indivíduo para a realização de suas empreitadas, cuja fonte se atribui a mulheres grávidas ou 'menstruadas'", demonstra-se, com isso, que a prática da pesca está envolta na cosmologia de forte influência ameríndia, em que natural e sobrenatural se apresentam conectados, revelando uma simetria entre cultura e natureza (LATOUR, 2009).

A colheita, consumo e comercialização do açaí é outra atividade desse período que tem ganhado espaço no cenário econômico familiar, principalmente nas áreas manejadas. De maio a julho, tempo da safra, de acordo com relatos da professora Maria Freitas (2017), chegaram a singrar de *"[...] cinco a seis barcos por dia pelo rio Mapuá para comprar 'rasas' [latas, paneiros] de açaí em várias localidades"*. É uma renda que, para a interlocutora, tem ajudado muitas famílias a vencerem a carência e a precariedade material e alimentícia. No decorrer da pesquisa, muitos moradores chegaram a relatar a mim a dificuldade que enfrentam para garantir um mínimo de alimento para o consumo diário quando não conseguem vender a farinha ou até mesmo produzi-la. Atribuem essa situação à escassez de caça, que, para alguns, está relacionada ao barulho das *rabetas*. Analiso que o problema narrado é reflexo da estratificação social instituída pelos coronéis e patrões desde a época da borracha e mantida por várias décadas.

No fim do verão, a madeira começa a ser derrubada para ser transportada quando o nível da água subir com as águas das chuvas. A exploração da madeira parece ser a principal atividade dessa estação, mesmo que em certa medida seja "proibida", por se tratar de uma área de reserva. De acordo com o Plano de Uso dessa unidade, a retirada da madeira pode ocorrer desde que atenda aos critérios do manejo sustentável[22]. Para isso, o órgão gestor deve promover formação aos moradores, o que até o desenvolvimento dessa pesquisa não havia ocorrido, como expressa um dos entrevistados:

---

[22] Esse tipo de manejo começou a ser feito em dezembro de 2020, resultando na venda de 367 m³ de madeira em tora em abril de 2021. Mais informações em: https://g1.globo.com/pa/para/noticia/2021/05/03/reserva-extrativista-no-marajo-faz-producao-e-venda-de-madeira-legalizada-da-comunidade.ghtml.

"*Nós sabemos trabalhar com machado, terçado e inchada [...]. Isso nós sabemos. Qualquer um de nós sabe aqui. Mas, não sabe, muita gente não sabe, o que é manejo [...]*" (FRANCISCO SILVA, 2017).

A exploração da madeira era feita da forma que dava e, conforme o saber-fazer dos ribeirinhos, como demonstra o relato de seu Francisco da Silva. Não havia, assim, critério preestabelecido e preocupado com o ambiente, aliás, podemos dizer que o critério válido era a obtenção de lucro dos empresários-patrões, aviadores da exploração madeireira no Mapuá. Isso explica a existência de 40 serrarias registradas e cadastradas na área da reserva para fins particulares (BRASIL, 2007), contrariando a lógica da política da reserva, que reconhece a existência de serrarias apenas na condição de comunitária, isto é, para uso comum pelos comunitários e não particular.

Na compreensão dos interlocutores, a exploração e a comercialização da madeira, embora feita sem critério sustentável, é uma prática que se justifica pela necessidade econômica e material das famílias. Observamos que muitas dessas famílias, para driblar as necessidades e estabelecer laços de sociabilidade, adotam uma espécie de relação de trocas não monetária. Essa troca envolve doações de peixes e caças, ajuda no trabalho da roça ou trocas de dias (convidados), além do trabalho das parteiras e as curas de benzedores. São trocas orientadas pelo princípio da reciprocidade, suas regras são, desse modo, definidas pela necessidade dos grupos. Não são, portanto, contabilizadas nem equivalentes e muito menos respondem aos critérios de mercado, pois atendem à reciprocidade do coletivo (MAUSS, 2017).

Quanto às trocas comerciais, verificam-se a compra e a venda de diferentes coisas. Nas vilas e em algumas casas, existem aquelas pessoas que comercializam produtos alimentícios, combustível e alguns víveres. Diante dessa dinâmica, o consumo doméstico que orienta a produção no rio Mapuá pode ser definido de duas formas, de acordo com sua procedência: o consumo dos itens produzidos pelo grupo familiar e o consumo de produtos obtidos por meio da compra de produtos industrializados. É possível interpretar que as famílias percebem a natureza como a principal fonte provedora do seu consumo, tanto direto como indireto.

Essa dependência tem influenciado no interesse crescente de muitos moradores pela proposta ambientalista da Resex-Mapuá. Estes parecem entender que a proteção do território, visto como seu principal patrimônio, é condição para garantir o uso da terra e seus recursos, como também de praticarem sua espiritualidade, que orientam e explicam a relação com o passado, o presente e suas expectativas para o futuro. Todavia, alguns, principalmente aqueles com ligação a madeireiros, entendem a preservação como um impeditivo para prosperarem. Há, assim, uma nítida distinção entre os grupos, os primeiros defendem a sustentabilidade das famílias e os segundos, o lucro.

É possível evidenciar ainda que o trabalho e a economia das famílias no Mapuá consistem na organização de atividades produtivas, em que uma parte da produção é destinada ao consumo e outra, à venda. Isso significa que ocorrem dois circuitos de troca de produtos por mercadoria. O mais antigo é o aviamento, tradicional sistema instalado com a economia gomífera. O outro circuito se dá com a venda dos produtos para obtenção de dinheiro, usado na compra de bens e até pagamentos de serviços.

O sistema de aviamento, cujo patrão é a figura central, marca, ainda nos dias atuais, a percepção local da economia, mesmo quando comercializam diretamente nos mercados urbanos (onde tem também os patrões – comerciantes). Nesse sistema, em voga atualmente, o patrão fornece a mercadoria a crédito para ser paga pelas famílias com a produção da farinha, a madeira, o palmito, produtos com valor determinado pelos próprios produtores. No passado, o patrão detinha o poder de impor os preços na mercadoria que vendia e no produto que comprava dos moradores.

Na versão moderna, o circuito de aviamento imprime uma lógica diferente dos demais: o acordo entre patrão e freguês é acertado no momento da entrega da mercadoria solicitada por esse último, ou seja, o compromisso entre patrão e freguês é acordado no momento da entrega da mercadoria solicitada ao patrão, quando se define o prazo e quantidade de produção. Para a produção da madeira, o prazo gira em torno de 15 a 30 dias, obedecendo normalmente ao nível da água, sobretudo para os que moram nos altos. Na produção da farinha, o prazo é mensal, em alguns casos o prazo é maior.

No circuito de vendas em que não se tem um patrão para entregar seus produtos, as famílias comercializam sua produção com qualquer potencial comprador, tanto no espaço rural quanto no espaço urbano. A produção ocorre de acordo com a necessidade das famílias, não tendo, portanto, um prazo a cumprir. Durante minhas inserções etnográficas, acompanhei várias famílias trazendo a farinha produzida para comercializar em Breves, com diferentes pessoas. Algumas chegaram a me confidenciar que lucram muito mais dessa forma e fazem questão de comercializar na cidade porque exercitam a liberdade que dizem ter obtido ao livrarem-se da dominação patronal.

Dentro desse suposto novo quadro, sugere-se que o padrão de consumo das famílias passou a ser definido totalmente pela produção doméstica. Nessa dinâmica, a refeição diária básica envolve o açaí, a farinha, o peixe, e, em muitos casos, o frango congelado, bem como produtos industrializados, como mortadela e ovo, comprados do regatão no porto de suas casas ou no comércio local. Alguns consomem a banana e outras frutas (cana-de-açúcar, abacaxi, ingá, limão, melancia, milho, pupunha, coco, maxixe) coletadas na mata, cultivadas na roça e compradas na cidade.

Todo esse movimento é embalado pelo deslocamento diário das pessoas para os mais variados destinos, em que a *rabeta* e o casco a remo são os principais artefatos. Confeccionados pelos próprios moradores, esses artefatos permitem a esse coletivo mobilizar-se no rio de cima abaixo para levar a madeira até a serraria, pescar, caçar e retirar o açaí, ou seja, praticar os espaços em uma intensa relação com o meio ambiente amazônico. É um cotidiano "absolutamente sincronizado com o ritmo da maré" (MACHADO, 2011, p. 108). Daí assegurar que esse grupo não só interfere, mas interage e pratica o ambiente e a paisagem onde habita.

Nesse intercâmbio econômico, material, cultural e familiar, identifico que a participação de meninos e meninas nas atividades é distinta. Os meninos, normalmente, acompanham o pai, os irmãos mais velhos, e, em alguns casos, os tios e o avô, o que se intensifica entre os 10 e 12 anos. Observei que, nessa idade, os meninos, em sua maioria, já têm sua própria *rabeta*, que produziu sozinho, ou, às vezes, com a ajuda do pai ou de um irmão. As meninas, por sua vez, acompanham a mãe e as irmãs mais velhas nas atividades domésticas, e, em algumas situações, na roça, quase sempre na feitura da farinha, o que se intensifica entre os 13 a 16 anos, quando a menina, normalmente, se casa (MACHADO, 2011; COSTA, 2017). Tem-se aqui uma relação de gênero baseada, em certa medida, em hierarquia e desigualdade, ajustadas aos costumes culturais cultivados pelas famílias (SCHAAN, 2009c).

No acontecer desses processos, as relações de trabalho e sociabilidade descritas vêm sendo conduzidas por uma dialética da produção, transmissão e ressignificação de práticas e saberes locais por meio da oralidade, em que os mais velhos ensinam aos mais jovens técnicas e táticas para lidar com os segredos do rio e da floresta. São saberes traduzidos e narrados por meio da produção de diferentes artefatos que compõem a cultura material desse grupo. Assinala-se que esses artefatos não desempenham apenas uma função utilitária ou são suportes identitários, mas caracterizam-se como mediadores da vida social. Ao produzirem os artefatos, os moradores produzem

várias temporalidades, o que faz do artefato, na compreensão de Hamilakis (2015), multitemporal. Entender as práticas materiais e sociais dentro desse processo é fundamental para perceber o que é a vida hoje e o que pode ser alcançado e apreendido do passado.

A leitura das imagens (Figuras 9 e 10) a seguir sugere um intercâmbio de saberes. Na primeira, tem-se um garoto manobrando a arte de talhar um remo. A feitura desse artefato requer do menino-escultor conhecimentos não só do tipo ideal de madeira como o *designer* – forma e tamanho –, mas a própria habilidade para talhar a madeira. De igual modo, a segunda figura com as diferentes *rabetas*, que, com suas cores e modelos revelam performances e códigos que traduzem uma relação de conexão entre o passado e o contemporâneo, mediado pela materialidade. Ambos os artefatos requerem de seus construtores conhecimentos específicos, que envolve o tipo de madeira e as técnicas necessárias para serem produzidos.

Figura 9 – A arte de talhar um remo, artefato de grande importância para navegação entre os rios

Fonte: a autora, 2015

Figura 10 – Rabetas construídas por moradores no Mapuá

Fonte: a autora, 2017

Nota-se, em ambos os artefatos, que o modo de vida desse coletivo é fortemente marcado por saberes culturalmente herdados que expressam características da ancestralidade indígena. Tais saberes relacionam e integram humanidade e natureza de uma forma que favorece a manutenção, como a reinvenção dos saberes desses povos em suas relações sociais, simbólicas, materiais, práticas religiosas e os seus criativos modos de existência (PACHECO; SILVA, 2015).

O saber-fazer e a relação com o meio natural demanda, portanto, uma base de conhecimento construído a partir de antecedentes históricos. Os conhecimentos herdados e ressignificados têm permitido aos moradores, ao longo dos tempos, coexistirem com o meio ambiente, e, ao mesmo tempo, explorá-lo. Nesse processo, desenvolveram conhecimentos sobre a flora, a fauna, o solo, o ritmo da maré, o período das chuvas e da seca. Com essas experiências, conseguiram relacionar a própria cultura com o sistema social, econômico e político (SCHAAN, 2009a; ROOSEVELT, 1992).

Nessa sincronia, cada família, à sua maneira, ao longo dos anos, imprimiu, no Mapuá, as marcas de suas histórias e identidades, as quais foram e continuam sendo forjadas, agenciadas e alinhavadas nas relações (nem sempre amistosas) estabelecidas com os outros, o ambiente, a paisagem e as coisas. Homens e mulheres que teceram e permanecem a tecer não só

a própria história e a de suas famílias, mas saberes, memórias, lembranças, tradições e território que tradicionalmente têm ocupado (ALMEIDA, 2008).

A água é, nessa sincronia, a agência e o motor de vidas e dos modos de habitar por isso significa tudo: tempo, clima, "união, transporte, troca, aproximação" (BRAUDEL, 2016, p. 375), formação, trabalho, diversão, escassez, interação com o natural e o sobrenatural. Tudo acontece pela e com a água, isto é, por ela circulam notícias, mercadorias, histórias, memórias, sonhos, vidas e modos de coexistir. A água, como nos ensina Bachelard (2013), tem um significado que transcende o devir humano, não se trata, portanto, somente de uma matéria ou de um meio de sobrevivência, mas é um elemento carregado de emoções, afetos, imagens, histórias, lembran-ças da vida cotidiana, que, na relação e prática social, cultural e material, promove e agencia a construção identitária desses moradores e sua ligação e pertencimento com o território cultural e materialmente construído na relação com as distintas temporalidades.

As águas, no rio Mapuá, escondem mistérios, segredos silenciados na memória de homens e mulheres que, a cada estação, emprestam "do cenário que os rodeia" (GEERTZ, 1997, p. 107) elementos materiais necessários para lidar com a morfologia sazonal amazônica e garantir sua existência física, simbólica e espiritual. A água, ao longo dos tempos, tem se confi-gurado no veículo que integra passado e presente, natural e sobrenatural. Valendo-me ainda da perspectiva bachelardiana, percebo a água como elemento transitório, uma metamorfose, em que tudo passa, tudo muda permanentemente e tudo vai.

A água é, nesse aspecto, um tipo de destino, sonho que não se acaba (BACHELARD, 2013), o que, para Gallo (1980), traduz-se na indelével marca da persistência. No Mapuá, a água é, ao mesmo tempo, esse destino, sonho, agência e persistência que lava, leva e traz dores, sabores e saberes que embalam a vida. Na e pela água, cada família, com seus *modus vivendi* e *operandi*, dão sentidos e significados ao ser, estar, viver e fazer-se marajoara no contexto rural desse arquipélago.

2.3.4.2 Vozes e ritos da espiritualidade e religiosidade na floresta

Neste tópico, pelos fios das memórias narradas e da vivência etnográ-fica, sinalizo experiências culturais acerca de saberes e visões cosmológicas, percebendo contatos e memórias de um complexo de crenças e práticas locais, que liga o natural e o sobrenatural. Esforcei-me para desenhar uma leitura interpretativa dos aspectos religiosos e espirituais, que se apresentam alinhados às forças das crenças e das práticas de um catolicismo popular, sincronizado aos segredos de rios e florestas. Como argumentam Pacheco (2009) e Maués (2005), não é possível, no contexto amazônico (resguardando a complexidade do termo), tratar desse catolicismo descolado dos saberes locais, orientadores das práticas e relações do existir humano.

Semelhante às regiões da Amazônia já pesquisadas, no Mapuá, o catolicismo centra-se na crença e no culto aos santos, a exemplo de Nossa Senhora de Nazaré, Nossa Senhora das Graças, Santa Rita, Santa Maria, só para citar algumas. Nossa Senhora de Nazaré, como bem observa Maués (2005, p. 260), tem uma grande importância para o povo paraense católico. Todo segundo domingo de outubro, como é sabido, a capital, Belém, se transforma em "um dos principais centros de devoção mariana no Brasil", durante o famoso Círio de Nazaré (reconhecido em 2013 pela Unesco como patrimônio cultural da humanidade).

Lembra esse autor que a devoção à Maria, nesse estado, tem sua origem na cidade de Vigia, por volta da segunda metade do século XVII. Nossa Senhora de Nazaré é considerada, pelo povo católico, uma santa muito poderosa, por isso inúmeras promessas todos os anos são dirigidas a ela. Assim, de joelhos, de pés no chão, com oferendas nas mãos e/ou nas cabeças, milhares de fiéis caminham pelas ruas e avenidas de Belém para agradecer e venerar à virgem padroeira (MAUÉS, 2005).

De acordo com os interlocutores, todos os anos pelo círio, comemo-rado dia oito de setembro, fiéis de diferentes localidades singram pelos rios e lagos do Mapuá para pagar à Santa da vila e comunidade Nossa Senhora de Nazaré as promessas atendidas. *"Essa santinha é poderosa"*, narra seu Sebastião Horta (2017), líder da comunidade e promesseiro de Nazaré, ao referir-se à padroeira de sua vila. Seu Sabá, os irmãos, filhas e a esposa D. Maria Fialho, em diálogo comigo, contaram que anualmente fazem uma grande festa para agradecer à proteção dessa santa, que, como registrado, herdaram do bisavô português, Joaquim Nunes Horta.

Relataram também que, além das novenas, bingos, torneio de futebol, brincadeiras, realizam a tradicional procissão. Durante esse ritual, percorrem por toda a vila, carregando a imagem da santa toda enfeitada. É um momento, para eles, de muita fé, em que os fiéis aproveitam para pagar suas promes-sas. Nesse arranjo de devoção e fé, percebi que, na prática, as promessas são

"pagas" o ano todo de diferentes formas: orações, velas, fitas etc. Percorrendo as memórias e atenta às manifestações cotidianas, pude perceber que, desde criança, os Horta são ensinados a admirar e a cuidar da herança espiritual, chamada ainda de patrimônio material, como é possível analisar na narrativa do professor Manoel Oliveira Horta, bisneto de D. Irene Horta:

> *Nossa senhora de Nazaré é a nossa mãe pela qual intercede o tempo todo por cada um de [...]. Várias pessoas fazem promessa onde ela intercede e elas vão lá e pagam essas promessas. Então a nossa relação com ela é muito forte é quase que inexplicável isso sem contar também que [...] são as raízes [...] de nossa família Horta [...]. Nós vamos continuando a cada dia e passamos para os nossos filhos, [...] para que eles possam também continuar zelando porque, além de ser o patrimônio da família, é a santa que intercede por cada um de nós.*

Uma das possíveis leituras que a narrativa sugere é que a relação instituída pela família Horta com essa imagem não se trata apenas da representação simbólica de Maria como intercessora e mediadora da espiritualidade. É também uma relação que esse grupo estabelece com a materialidade e com o passado. Há um apego à imagem, pois não se trata de qualquer imagem, mas de uma herança familiar, um patrimônio. Tem-se aí toda uma simbologia, tanto espiritual e religiosa quanto cultural e material, que vincula passado e presente. Mostra-se, com isso, que essa imagem tem uma vida social e exerce agência material e espiritual sobre as pessoas (APPADURAI, 2008; VELTHEM, 2007).

Durante percurso etnográfico, tive a oportunidade de acompanhar um ritual de procissão dedicado à Santa Maria, na vila e comunidade Santa Maria, formada, em sua maioria, por filhos e netos de D. Virginia Horta, filha de D. Irene Horta. Esclareço que Santa Maria e Nossa Senhora de Nazaré são denominações usadas para se referir à mesma santa, ou seja, à mãe de Jesus. Santa Maria, para sinalizar que Maria é santa. Nossa Senhora de Nazaré, assim como Nossa Senhora de Aparecida, entre outros nomes, são títulos atribuídos à Maria, o que reforça sua santidade, celebrados em datas específicas pela Igreja Católica. Por isso, na vila Nossa Senhora de Nazaré, a celebração ocorre em setembro e, na vila Santa Maria, em agosto.

Não se trata, portanto, de duas santidades, embora muitos membros dessa família demonstrem compreender dessa forma, principalmente quando argumentam *"[...] essa santinha daqui é poderosa"* (JOSÉ HORTA, 2017). Trata-se de duas imagens, dois artefatos simbólico-religiosos, com características e histórias diferentes e que têm influência na vida dessas famílias. Essas imagens e as celebrações religiosas indicam como o ritual do catolicismo popular vem sendo praticado no interior da Amazônia e o efeito que ele desempenha sobre os modos de vida na floresta. Como identificou Galvão (1955) e Wagley (1988) em Gurupá, é um catolicismo marcado pela devoção, promessas, cultos, romarias e festividades em honra aos santos e santas padroeiros/as.

A Figura 11 registra o momento em que os fiéis retiraram a imagem de Santa Maria da Igreja de mesmo nome para dar início ao ritual de procissão. Com orações e cantos, andamos em procissão por toda a vila, encerrando-se na Igreja com a celebração da palavra, conduzida por seu Jorge, dirigente comunitário. Observa-se que a procissão é um ritual que mexe com as pessoas. Elas colocam suas melhores roupas, organizam suas casas, fazem juntas as refeições. Então, além de ser um ritual para renovar e professar a fé, é um momento de aproximação, sociabilidade, troca e contato entre as pessoas, e entre as coisas e as pessoas. Na definição de Wagley (1988, p. 206), "os dias de santo constituem pretexto para reuniões sociais e comemorações, seguindo os costumes herdados de Portugal e posteriormente modificados no processo de adaptação às novas condições", no caso em particular ao regime de rio e floresta.

Figura 11 – Procissão da Festividade de Santa Maria, alto Mapuá

Fonte: a autora, 2017

Além das celebrações religiosas realizadas por cada comunidade, a maioria desse coletivo tem um forte apego aos benzedores, figuras que encontrei em todas as comunidades pesquisadas. O benzedor, apresentando-se sempre muito católico, é constantemente procurado para cuidar, em especial, das crianças e idosos. No alto Mapuá, a benzição mescla-se à prática da medicina, pois o benzedor principal, Lourival Gomes, é técnico de enfermagem, o qual não se identifica benzedor, porém assegura benzer desde seus oito anos, um trabalho que, segundo ele, faz por Jesus Cristo.

Narra seu Lourival Gomes:

> *Então quando eu tinha oito anos já benzia [...]. Não é por acaso isso aí. Eu fui em curador, macumbeiro para endireitar [...]. Mas eu nunca fui dessas coisas [...]. Chega a pessoa – olhe, eu quero que o senhor coloque a mão na minha cabeça, para mim melhorar que estou com uma dor de cabeça [...], eu coloco a mão e oro. Pronto, eu oro e de certeza vai passa a dor de cabeça, não tem como, vai passar tudo, principalmente se a pessoa tiver fé [...].*

Lourival Tavares Gomes, sobrinho de D. Irene Horta, por dois anos foi professor e há 23 trabalhava como técnico de enfermagem no Posto de Saúde da vila Santa Maria. Relatou-me que, há oito anos, por meio de estudo e pesquisa, havia desenvolvido uma técnica para tratar a mordida de cobra, frequente na região[23]. Esse benzedor-técnico é muito procurado por moradores de todos os cantos do Mapuá para a cura de todo tipo de doença. Relatou-me que, muitas vezes, as pessoas querem a benzição e não o medicamento que tem no Posto. Contou-me ainda que procura ensinar tanto o remédio farmacêutico como os remédios caseiros. Notadamente, Lourival produz e medeia trocas de saberes e, de certo modo, promove uma espécie de cura carismática.

Para Lourival, seu dom vem de Deus e é mantido pela fé. O dom, de acordo com os escritos de Maués (2005, p. 269), é a condição primeira para se tornar pajé ou curador (nesse caso, benzedor), o qual pode ser "de nascença ou de agrado". No caso do dom de nascença, pode ser reconhecido "quando a criança 'chora no ventre da mãe'", fato que, se revelado antes do tempo, a criança perde o dom. Expressa esse autor que o pajé de nascença ou de agrado passa por um momento de crise de vida, em função da incorporação descontrolada de espíritos, por isso deve se submeter ao tratamento de um pajé experiente, para afastar os maus espíritos e, ao mesmo tempo, treinar o

---

[23] Durante o campo, encontrei duas pessoas que estavam se recuperando da mordida de cobras (Cascavel e Jararaca são mais comuns) e muitas memórias de pessoas que foram mordidas. A técnica que esse benzedor-enfermeiro desenvolveu, segundo a população local, tem surtido efeito significativo. A pedido desse interlocutor e para garantir o sigilo ético da pesquisa, tal técnica não será aqui evidenciada.

calouro para que venha controlar as incorporações a ocorrerem no lugar e hora determinada pelo pajé. Nesse ritual, o pajé experiente também ensina mitos, técnicas, conhecimentos sobre os remédios, as orações, ou seja, toda performance que compõe sua arte.

Jerônimo Silva (2015), em estudo realizado no nordeste paraense, zona bragantina, também identifica o dom como sendo de nascença e adquirido, doado e/ou roubado. O autor trabalha com a ideia de cordas, em que observa casos de pessoas que detêm as cordas a partir do dom e as cordas doadas por aqueles que rejeitam o guia. Há ainda casos de cordas roubadas por rezadores. Comenta o autor que a iniciação e o afastamento das cordas envolvem articulação de agenciamentos, que integra reza e esforço por parte do curador responsável. É toda uma cosmologia e simbologia para articular os reinos animal, natural e mineral.

Wagley (1988), na obra *Uma comunidade Amazônica*, ao investigar o modo de vida de moradores de Gurupá, aos quais ele denomina de "caboclos", relata a existência de poderosos pajés chamados de "sacacas", cujos poderes permitiam-lhes tomar forma de cobra-grande e passar vários dias submersos pelo rio. De igual modo, Galvão (1955), na obra *Santos e Visagens*, que retrata também a realidade de Gurupá, assinala a presença do catolicismo português influenciado por crenças ameríndias e atreladas à pajelança "cabocla". Escreve Galvão (1955, p. 43): "o catolicismo é, na sociedade rural Amazônica, uma superestrutura, uma ideologia, que se sobrepõe a crenças locais, porém por si só incapaz de responder a todas as exigências do meio". Wagley (1988) e Galvão (1955) evidenciam a pajelança como prática que integra o catolicismo no Marajó, embora, muitas vezes, seja negado. Fato explicado pelo ideário de demonização, impregnado pela intolerância religiosa, inscrito inicialmente pela Igreja Católica na história colonial brasileira e amazônica.

No curso da pesquisa, além de seu Lourival Gomes, seu Antônio Galo e seu Orlando Miranda, em conversas comigo, também revelaram fazer orações religiosas para tratar das doenças, sobretudo de crianças. Seu Antônio Galo assegurou que benze, *puxa* (tipo de massagem feita com essências, – óleos – normalmente, preparados pelo benzedor à base plantas medicinais) e ensina remédios para qualquer tipo de doença e a qualquer pessoa. Acredita que herdou esse dom e os saberes de seus antepassados indígenas e do Divino Espírito Santo. Narra ele:

> Por acaso eu comecei tratando de criança quando eu tinha 28 anos. Tinha o dom, mas ninguém sabia, quando foi um dia uma

criança adoeceu próxima de mim eu vi que ela estava muito precisando de uma ajuda aí eu falei gente eu sei o que é a doença dessa criança se vocês me permitirem vocês afastem tudinho daqui [...] eu tinha vergonha não nego eu tinha vergonha de fazer [...]. Aí eles saíram fora, aí eu fui coloquei a mão na cabeça da criança fiz as minhas orações [...]. Dom é assim e eu não posso ficar contando tudo diretamente porque é difícil não é uma coisa assim você tem uma mensagem quando você está fazendo sua obrigação. Você tem uma mensagem do Divino Espirito Santo que diz é tal coisa, tal remédio é a cura, pronto. E a criança ficou boa de uma hora para outra. [...].

Com esse saber, seu Galo relata que já curou várias crianças e adultos, com diferentes doenças, incluindo o Acidente Vascular Cerebral (AVC). No ritual de cura, narra que faz orações para Deus e o divino Espírito Santo, e fala aos doentes e familiares para terem fé. Seu Orlando Miranda, diferentemente de seu Lourival Gomes e de Antônio Galo, revelou que benze, mas não atribui o ato a um dom. É algo que só faz se alguém lhe procurar, e de forma discreta, sempre recorre à oração religiosa. Relatou o interlocutor: *"[...] eu faço um pouco meio restrito, tenho acanhamento, mas eu só uso oração religiosa"* (ORLANDO MIRANDA, 2017).

O benzedor, em algumas ocasiões, é procurado por casos de feitiçaria, que esses interlocutores afirmaram não lidar, mas reconhecem que ainda tem gente que trabalha com isso. A feitiçaria, presente nas memórias dos moradores mais velhos, era, no passado, uma prática frequente, muitos afirmaram ser vítimas de feitiço, e que os bons pajés da época os curaram. Daí dizer que a religiosidade não se restringe à fé e à doutrina ligadas à teologia clássica, mas é uma forma de ação humana, construída por meio de diferentes cosmologias, por isso falar em catolicismo popular na floresta.

Completa esse quadro as parteiras, que, além de *puxar* e ensinar remédios, cuidam das crianças e das mães antes, durante e após o parto. No passado, D. Vitória, D. Judite, D. Julieta, D. Irene Lobato trabalharam vários anos como parteiras. Sem posto de saúde, remédios e proibidos de viajar à cidade, o trabalho de parteira era a condição para que as mulheres tivessem seus filhos e garantissem a cura de seus corpos. Atualmente, mulheres como D. Maria Imerata Gonçalves, irmã de seu Antônio Galo, desenvolve tal prática, e interpreta com um dom que herdou da avó indígena e aperfeiçoou ajudando outras mulheres. Uma ajuda remunerada, pois essa parteira cobra pelos serviços prestados, caracterizando-se como uma troca comercial e não de reciprocidade, como faziam as parteiras seringueiras.

Além desses agentes, também ocupam os espaços e paisagens, no Mapuá, as visagens (*anhangas*) e assombrações, que aguçam e dão vida ao imaginário e à história do lugar, com destaque para a história do lobisomem (um homem que se transforma em porco e ataca em noite de lua cheia, e que só pode ser combatido com tiro de cera benta); o fantasma de uma mulher velha de cabelo e unhas compridas; os fantasmas que navegam nos rios e o homem de branco que vigia o casarão de seu Orlando Miranda. Conta esse interlocutor:

> *Aqui neste Casarão, tem o homem de branco [...]. Era umas sete horas da noite, era eu e dois compadres meu tomando banho [...]. Quando estava passando sabonete, de repente olhamos lá para cima, tem aquelas duas janelas na frente. Aquele cara todo vestido de camisa branca. Eu meio ceguinho, o Raimundo olhou e disse, olha aquele cara de branco na janela do lado direito, mas não chegou aqui, veio por trás. O outro disse vamos ver quem é. Eu disse olha vamos fazer o seguinte, vão pela frente [...], eu vou por trás, se for alguém querendo fazer medo, vamos assustar ele. Aí subimos e nos encontramos no corredor, entramos e os quartos estavam com as portas fechadas e não tinha ninguém.*

Uma linha de interpretação possível indica que o casarão tem agência e que

> [...] o fantasma pode expressar nesse caso o sentimento de que há poder na mera longevidade da casa, uma agência que representa os limites de nossa própria agência. O fantasma pode simbolizar essa história antiga de uma forma que nós não podemos. (MILLER 2013, p. 142).

Fato que permite mostrar que as coisas desempenham um papel, tem uma vida que implica diretamente no nosso modo de coexistir e coabitar com o ambiente. Ainda singrando pelo reino da magia local, identifiquei a presença dos encantados e da mãe d'água pelos rios do Mapuá. Seu Antônio Galo (2015) assegura ser a mãe d'água a mais brava de todas as mães, por isso jamais se deve provocá-la. Define como um ser sobrenatural que tem formas de manipular e assustar aqueles que desrespeitam seus filhos. No imaginário local, a mãe d'água e os demais seres da água, mata e floresta têm força e poder sobre o modo de vida e a coexistência no mundo.

De acordo com Pacheco (2009, p. 79), esses seres são vistos pelos marajoaras como "símbolos da vida e fertilidade". Os bichos-do-fundo ou "encantados", que habitam os fundos dos rios, como a mãe d'água, podem se manifestar, segundo Maués (1994, p. 75), "sob a forma de diferentes animais aquáticos, como boto, peixes, cobras, etc., oiaras ou caruanas". Seres do fundo e da mata são, para Maués (1994, p. 76), importantes elementos da ideologia e, também, simbologia regional, uma vez que funcionam "como uma espécie de defensores míticos da floresta, dos rios, dos campos e dos lagos". Também figuram, nesse enredo, os tesouros escondidos, os quais são doados em sonho pela alma de um indígena a determinada pessoa, como demonstra a narrativa:

> Minha vó dizia índio só vai levar e dar para quem ele acha que deve. Tem um sonho aí você sonha. A primeira vez você não pode fazer propaganda, a segunda vez aí você é informado, aí você tem que ir lá a tal lugar sozinho meia noite ou sei lá a hora que marcar. E vai só e tira, vai parecer tal visão porque para não deixar tirar. (ANTÔNIO GALO, 2014).

Os interlocutores narram dois episódios que, para eles, provam a retirada de dinheiro doado em sonho. No primeiro, relatam que um ex-morador se mudou às pressas do Mapuá sem dar explicações. Quando foram ao local da casa abandonada, encontraram um buraco na terra atrás da moradia que associaram à retirada de um pote de moedas de ouro. Como a vida financeira desse ex-morador melhorou consideravelmente e, por não ter mais voltado ao Mapuá, acreditam que, de fato, arrancou o pote de dinheiro. O segundo caso aconteceu com um ex-patrão, que também se mudou às pressas à capital. Dizem que esse homem ficou mais rico e, quando volta ao Mapuá, fica apenas um dia, mas não sobe no local em que supostamente retirou a bacia com joias e moedas de ouro. Ambos os episódios aguçam o imaginário local e levam muitos a sonharem com a riqueza também. Dos moradores com quem dialoguei, alguns afirmaram que já sonharam com o dinheiro, mas que, por falta de coragem, não conseguiram receber a tal dádiva.

De acordo com a "lenda", aquele que sonha não pode contar a ninguém e, depois de três noites sonhando, deve ir sozinho, quase sempre à meia-noite, ao local indicado em sonho e arrancar o dinheiro. É um ato que exige coragem para lidar com as visões de espíritos e fogo que rodeia o dinheiro. Ao retirar o dinheiro, com três dias, a pessoa deve abandonar o local e não pode mais morar e/ou voltar e permanecer naquele local sob o risco de morrer. Estes e outros saberes se entrelaçam com os modos de ser e estar no mundo produzido pelas famílias na relação estabelecida com o lugar, com as coisas, os outros e o sobrenatural. Uma relação que vai além da ideia de o rio Mapuá ser apenas o ecossistema de onde retiram os meios para sobreviver.

Compõe o repertório espiritual, religioso, mitológico e mágico dos moradores do Mapuá uma Cruz (Figura 12) chamada por eles de milagrosa, que se encontra assentada às margens do braço do Socó, na localidade Umarizal, alto Mapuá. Trata-se de uma cruz em madeira que, ao longo dos tempos, tornou-se, para algumas famílias do Mapuá, um artefato de grande importância espiritual. De acordo com as narrativas de D. Joana Nascimento, D. Nazaré Borges, seu Antônio Bontá, seu Joaquim Nascimento, só para citar alguns, essa Cruz tem feito bastantes milagres para os moradores, bem como para pessoas de outros lugares. Com base nas memórias desses interlocutores e conversas informais empreendidas com outros moradores dessa comunidade, cheguei, ao menos, a duas versões que contam a origem desse artefato.

Figura 12 – Estrutura da Cruz Milagrosa, às margens do braço do igarapé do Socó, Umarizal, alto Mapuá

Fonte: a autora, 2017

Em uma primeira versão, a Cruz Milagrosa surge a partir da morte de um seringueiro chamado José João, supostamente freguês de José Nobre, coronel e patrão da borracha no fim do século XIX e início do XX. Esse seringueiro e a mulher moravam em uma casinha assoalhada com *paxiuba* no local onde hoje está a Cruz, e ninguém além deles moravam nessa localidade. Dificilmente alguém passava por ali, a não ser quando o patrão mandava um funcionário para arrecadar a borracha, o que ocorria a cada 15 dias. Zé João adoeceu e, sem poder pedir ajuda, morreu. A mulher, que também padecia de doença, ficou velando o corpo do marido, até ser encontrada após três dias, por um desconhecido que por ali passava. Esse sujeito buscou ajuda dos seringueiros mais próximos para sepultar o morto, que devido ao estado de decomposição do corpo foi enterrado ali mesmo, embaixo de uma seringueira.

Tempos depois, outro seringueiro, provavelmente conhecido do falecido, em um dia de verão, com tudo seco, precisando levar a borracha à casa do patrão na boca do rio Cumaru, meio porre, olhou ao céu e fez uma prece dizendo:

> *Zé João se tu fizesses chover essa noite para eu chegar no Cumaru de remo com a água no rio eu te dou duas libras de cera, eu compro lá no Cumaru e acendo pra ti [...]. Por coincidência ou milagre, às seis horas da tarde, desceu muita chuva até às onze horas da noite. De madrugada, o seringueiro olhou e viu o rio cheio, então pegou o casco colocou a borracha e o sernambi e [zarpou] para o Cumaru. [...] Ainda pasmo, vendeu a borracha, sem beber uma gota de álcool, cuidou de comprar as velas e acendeu no mesmo dia, dando, assim, origem à Cruz Milagrosa. (ORLANDO MIRANDA, 2017).*

Uma segunda versão, da origem dessa cruz, revela que tudo começou em um certo dia de verão quando o cadáver de um desconhecido foi encontrado por moradores quando caçavam. Conta D. Nazaré Borges (2017):

> *[...] uns homens foram mariscar para a banda do lago do Socó e, andando por lá pelo Umarizal, toparam com um homem morto na beira do rio [...]. Ninguém sabia quem era, e como o corpo já estava em estado de decomposição [...] cavaram um buraco perto do pé de uma seringueira e enterraram os restos do morto sem saber se alguém o matou, se alguma cobra bateu ou se tinha alguma doença [...]. Afincaram uma cruz e fizeram uma oração recomendando aquela pobre alma que lá descansava em paz.*

Lembra essa interlocutora que meses depois, um padre em visita pelas comunidades do Mapuá foi levado pelos moradores até a referida sepultura. Após rezar, o padre batizou a cruz e disse aos presentes que, a partir daquele momento, a Cruz seria milagrosa. Desde então, muitos moradores passaram a fazer promessas e ter a Cruz como sagrada. Fama que se espalhou e ao longo de anos tem atraído diferentes pessoas do próprio rio e de outras localidades. Normalmente, os promesseiros, uma vez ao ano, deixam ou mandam suas oferendas para serem penduradas na Cruz, que até então é cuidada pela família de seu Joaquim Pinto (falecido em 2015), guardiões desse artefato.

No percurso etnográfico verificamos que entre as oferendas se destacam roupas de adultos e crianças, tais como camisas, vestidos, shorts e sapatinhos de recém-nascidos, que, conforme os interlocutores, são colocados ao longo dos anos. Além das roupas, identifiquei uma mecha de cabelo, garrafa de cachaça, mão, braço e cabeça feitas em madeira, fitas e velas. É comum, ainda, entre os promesseiros, pagar a graça recebida com foguete, orações e preces. As oferendas mantêm as pessoas em sintonia com os espíritos da floresta e do rio, bem como com as coisas e o lugar.

Há entre promesseiros e Cruz uma relação de troca, aliás, de misturas. Como pontua Mauss (2017, p. 221), nessa relação "Misturam-se alma nas coisas, misturam-se as coisas nas almas. Misturam-se as vidas, e assim as pessoas e as coisas misturadas saem cada qual da sua esfera e se misturam: o que é precisamente o contrato e a troca". Uma troca material, espiritual e simbólica, como se observa nas narrativas:

> *Eu cair dentro do forno emborcada e me queimei tudinho. Eu pedi para a cruz que se endireitasse meu corpo, que eu não ficasse aleijada, que eu gozasse da minha saúde eu ia mandar rezar uma ladainha e soltar uma dúzia de foguete quando eu ficasse boa. E foi depressa que aquilo sarou. Aí mandei rezar, soltei foguete. Foi até aquele Chico [D. Vitória refere-se ao seu Francisco Silva] que rezou.* (VITÓRIA DE PAULA, 2017).

> *Eu quebrei esse meu braço [braço direito]. Aí eu fiz a promessa que se ela me desse à saúde do meu braço e da minha mão e voltasse a fazer o trabalho que eu fazia, eu ia dar uma mão de pau. Acho que ainda está lá a mão.* (JOANA NASCIMENTO, 2017).

> *Eu fui ofendido de inseto nessa perna [aponta para a perna esquerda] aqui. Aí em dois dias tufou na cissura tufou um caroço assim [fez gesto mostrando que era grande]. Me peguei com a Cruz Milagrosa se ela fizesse com que esse caroço vazasse, mas não abrisse a ferida eu pagava a minha promessa [...]. Aquilo estava assim igualmente uma banda de limão aquela fase para fora, quando foi no outro dia amanheceu sequinho, aí foi indo, foi indo vazou aquela água e não abriu a ferida. Eu fui lá e soltei a dúzia de foguete que eu prometi para ela.* (ANTÔNIO BONTÁ, 2017).

As narrativas e as oferendas permitem interpretar que essa Cruz exerce agência material e espiritual no Mapuá, porém, não se reduz a um plano religioso, mas permeia escolhas e atitudes em relação à forma de esse coletivo cuidar do corpo e da alma. Assim como os benzedores, esse artefato medeia uma relação integrada entre humanos e não humanos, fundamental para questionar as leituras lineares e dicotômicas sustentadas pela ciência cartesiana. Durante as escutas, atenta às vozes e expressões dos interlocutores e moradores, percebemos que pouco importa quem está enterrado embaixo da Cruz e tampouco quando e como se tornou milagrosa, o que interessa é que esse artefato realmente faz milagres e dificilmente tem alguém que ainda não recorreu a ele. As promessas feitas quase sempre foram por motivo de doenças, como é possível observar nas narrativas de cada interlocutor. Questão que, em hipótese, resulta também da ausência de um serviço de saúde pública que atenda às necessidades da população.

A oferenda de roupas é narrada pelo jornalista e historiador brasileiro Leandro Tocantins no livro *O rio comanda a vida: uma interpretação da Amazônia*, publicado originalmente em 1952. Nessa obra, Tocantins recupera a origem da estranha oferenda em uma narrativa, conforme Pacheco (2009, p. 70), "popularizada entre viajantes que desciam em navios gaiolas e transatlânticos, os Estreitos de Breves, ao longo dos séculos XIX e XX, especialmente, no soturno furo Aturiá, na volta do Vira-Saia, fronteira com o município de Melgaço", região que "os habitantes acostumavam dedicar, as divindades autóctones todo sortimento de roupas e trapos jogados por viajantes quando por ali passavam".

Uma história que Tocantins (1973, p. 46) sugere ser contada ao longo de gerações, com origem nos "primitivos tempos da conquista". Conta esse autor que, certa vez, uma canoa, ao subir e ao fazer a curva do rio Vira-Saia, começou a surgir pela proa centenas de botos que ameaçaram a pequena embarcação, impedindo-a de navegar. De instante, começaram a ouvir um coro de vozes entoado por jovens desnudas, surgidas também da água, que pediam roupas para se cobrirem e, à medida que as peças eram dadas pelos caboclos temerosos, as Iaras desapareciam, podendo eles continuar a viagem (TOCANTINS, 1973). Mas o costume do uso de trapos e roupas não se referia somente às oferendas doadas às Iaras da Amazônia, foi o que constatou o naturalista Henry Lister Maw. Os índios, conforme observou Maw (1831), faziam uso desses objetos para marcar os pontos de referência e evitar que se perdessem no labirinto verde. As roupas serviam, assim, tanto para demarcar uma rota como para se oferecer a divindades do lugar, práticas que envolvem um conjunto de significados e simbologias de povos de tradições orais, que, em sintonia com o espaço e com o ambiente, criam suas formas de coexistência e coabitação no mundo.

Sobre as práticas e crenças na Amazônia, Lucas Araújo (2017) comenta que o viajante naturalista Henry Bates, no século XIX, em viagem pelos rios dessa região, registrou a realização de práticas, consideradas por ele estranhas, para navegar com tranquilidade pelos rios. Esse naturalista notou que circulava entre os portugueses a superstição de que, para navegar com a garantia de que tudo correria bem, o viajante deveria depositar um objeto qualquer como oferenda ao espírito de um Pajé, feiticeiro que habitava o lugar. Porém, nota o naturalista que apenas portugueses e brasileiros realizavam tal proeza, pois indígenas "civilizados" não davam crédito à referida prática.

Essa prática, como narrado ao longo dos tempos, vai incorporando novos significados para demarcar um trajeto, um espaço percorrido, assim como para ser depositado como oferenda, primeiro pelos indígenas, depois por seus colonizadores, o que Araújo (2017) analisa como inversão de posições. Pacheco (2009, p. 70) observa que mesmo incorporando outros elementos, "conservou o imaginário da oferenda como superstição criada pelas populações locais para manterem-se em sintonias com entidades dos rios". Relata o autor que, na atualidade, essa prática cultural indígena tem ganhado outros usos e apropriações. Para tanto, lembra que, na infância, quando habitava o espaço rural do município de Breves, ele e os irmãos, ao avistarem os navios e as princesas singravam pelos rios desse município, pegavam seus cascos e se colocavam no meio do rio para pedir presentes aos viajantes. Comenta que era comum ganharem comida, roupas e brinquedos. Uma prática que, como registra o próprio autor, se repete ritualmente todos os dias por diferentes crianças carentes de nossa região.

As imagens e as narrativas indicam a forte presença e influência do catolicismo na região. Porém, não se trata exatamente de um catolicismo ocidental apostólico romano. É um catolicismo, como defende Pacheco (2009), totalmente atravessado pelos saberes de matrizes afroindígenas, o que pode ser exemplificado com a presença dos benzedores, os quais, por meio de determinadas "orações", reatualizam práticas de cura dos corpos de seus semelhantes; das parteiras que, usando de conhecimentos da medicina popular, cuidam dos corpos de parturientes e crianças, além da influência nas práticas culturais de crenças em santos e visagens (GALVÃO, 1955), que se apresentam em formas de homem de branco, mulher velha e porcos, ou também como seres do fundo, como a mãe d'água.

Tal quadro se visualiza em várias regiões desse arquipélago, sobretudo no meio rural, o que, para Pacheco (2009), possibilita indicar que as culturas marajoaras foram influenciadas por diferentes encontros e relações, que envolvem desde as trocas materiais e simbólicas entre as nações indígenas, o enfrentamento com os colonizadores, mediações com negros escravizados e, tempos depois, com nordestinos e tantos outros grupos que, em deslocamento, alcançaram ao Marajó. Entrelaçados por esses encontros culturais, os povos foram construindo suas identificações culturais "em sinais cujas referências sempre estiveram ligadas a terra, ao rio, a floreta, ao campo, ao mar" (PACHECO, 2009, p. 27).

Tem-se, assim, ciência, crença e magia entrelaçados, e isso faz do Mapuá, tal como as várias realidades específicas da Amazônia marajoara, um universo perenizado por homens e mulheres de culturas e cosmologias contrárias à racionalidade moderna. A dinâmica ambiental envolve, desse modo, aspectos da vida material e simbólica. Nesse universo, as práticas tradicionais são reeditadas nas bordas da racionalidade científica eurocêntrica, a qual orienta os códigos religiosos e institui a ciência e a religião do colonizador como referência. Em outros termos, significa a existência de uma cosmologia religiosa baseada não na teologia cristã-católica, mas nas mudanças das práticas antigas e em discurso religioso inventado. Penso que a noção de cosmologia não está apenas situada nos rituais da Igreja Católica, mas também na recriação dessa cosmologia a partir dos artefatos, orações dos benzedores, histórias de assombrações/visagens e tesouros escondidos, o que interpreto como uma tradição inventada (HOBSBAWN; RANGER, 1997).

O exposto sugere ainda que o pensamento mágico que nos conecta à ordem cósmica, religiosa e social não foi totalmente eliminado pelo projeto de civilidade/modernidade ocidental. Daí corrobora o pensamento de Bruno Latour (2013) de que realmente "jamais fomos modernos". Assim como em outros contextos de comunidades de tradição oral, no Mapuá, a religião, a magia e o mito são presença constante e desempenham a função de códigos de mediação entre o ser e o sobrenatural, o que faz desses elementos indispensáveis à vida. Na perspectiva de Schaan (2007), em sociedades de tradição oral, essas questões são mais incisivas, devido a possuírem uma relação mais próxima com os outros seres da natureza, o que, no caso dos indígenas marajoaras, se percebe nas cerâmicas por meio das representações zoomórficas e antropomórficas. No Mapuá, essa relação é ainda percebida nas supostas gravidez de mulheres, atribuídas a seres zoomórficos.

O Mapuá é, desse modo, uma zona de contatos interétnico, sociocultural e de afetos, onde as famílias vivem, criam suas histórias, memórias, desenvolvem suas práticas, costumes, hábitos etc. Isso demonstra que o Mapuá não pode ser interpretado unicamente como um espaço geográfico, mas também como um território histórico, ancestral, material e culturalmente construído e modificado pelas relações de trabalho, sociabilidades e conflitos das diferentes gerações. Caracteriza-se ainda como um espaço sociocultural, por intervir na forma de ocupação e formação dos habitantes que viveram e vivem em suas margens. O Mapuá é, assim, um território com múltiplos significados e simbologias, criadas e recriadas pelos moradores, em conexão com o ambiente amazônico e demais sujeitos/grupos, que ajudam a questionar leituras lineares sobre o tempo, a história e o próprio lugar.

3

A CULTURA MATERIAL DA FLORESTA: TECENDO LEMBRANÇAS E MEMÓRIAS ACERCA DO PASSADO

A arqueologia estuda os vestígios que as pessoas e suas culturas deixaram para trás, através dos objetos e ambientes que construíram as marcas que deixaram na paisagem, as práticas que passaram através das gerações. Como um detetive a estudar a cena do crime, a arqueologia se preocupa com cada detalhe, cada pista que tenha sido deixada.
(SCHAAN 2009, p. 172a)

3.1. ANOTAÇÕES ETNOGRÁFICAS SOBRE OS ACHADOS ARQUEOLÓGICOS NO MAPUÁ

Navegando pela vertente do cotidiano e da história local, sustentada nas vozes e memórias dos interlocutores e no levantamento arqueológico não interventivo, descrevo e analiso, neste capítulo, parte dos achados materiais e arqueológicos do rio e área do Mapuá, com a finalidade de conhecer e entender os significados e percepções atribuídas pelos moradores à cultura material do passado no presente. Esforço-me ainda para apreender as representações simbólicas acerca dos vestígios arqueológicos e sua respectiva influência na construção das memórias sobre o passado e sua apropriação.

A materialidade estudada aqui resulta tanto de um período em que os habitantes e proprietários desse arquipélago eram os indígenas quanto de uma história começada no fim do século XIX protagonizada por seringalistas (chamados de "coronéis da borracha" e "patrões do Mapuá") e seringueiros formados por migrantes nordestinos, principalmente os cearenses. Também faz parte dessa composição material vestígios de origem holandesa, alemã e por suposição do movimento cabano.

Na primeira inserção ao campo para realizar a pesquisa, com base nas informações de alguns moradores, o orientador, professor Dr. Diogo Costa, e eu realizamos um levantamento arqueológico não interventivo na região, por meio do qual localizamos dez ocorrências histórico-arqueológicas, devidamente fotografadas e, posteriormente, alocadas no mapa anexo ao final. Compõe o conjunto dessa materialidade: dois cemitérios de sepultamento antigo, com tumbas do fim do século XIX; um cemitério com sepulturas do início do século XX; três casas antigas (duas em ruínas); duas cruzes em madeira, uma chamada pelos moradores de Cruz Milagrosa e outra conhecida por cemitério Pau de Rosa; uma casa de farinha e uma igreja, antigas. Integra esse quadro o sítio arqueológico de cemitério indígena Amélia e garrafas de grés supostamente de procedências holandesa e alemã.

Com as demais inserções etnográficas, identifiquei mais um cemitério com tumbas do fim do século XIX, um forno em cobre, ferros de uma provável caldeira, estacas (esteios de madeira) afincados à margem do rio, chamada pelos moradores locais de trincheiras – que atribuem aos cabanos –, um monte de terra preta às margens direita do igarapé Jupati, um poço chamado de "poço do nobre", além de um hipotético cemitério indígena. Na última etapa de campo, realizada em novembro de 2017, na ida à vila Nossa Senhora de Nazaré, fui informada pelo guia de que, em uma localidade próxima ao lago do Jacaré, vila Canaticum, os moradores identificaram "algo estranho" em um poço. Em nosso retorno à vila Santa Rita, paramos na vila do Canaticum para ver o poço, que nitidamente tem, em uma de suas paredes, vestígios de cerâmica (Figura 1).

Figura 1 – Vestígios de prováveis igaçabas, vila Canaticum, identificada durante percurso etnográfico

Fonte: a autora, 2017

Fiz então a imagem de tais vestígios e uma rápida leitura me levou a compará-los aos vestígios identificados no sítio arqueológico da vila Amélia. Uma breve caminhada na área me possibilitou identificar pedaços de cerâmicas que, para seu Roque Pinto, morador local, são *"pedregulhos"*. Os pedaços de cerâmicas no chão indicando o formato de urna indígena e os vestígios expostos na parede do poço me fizeram levantar a hipótese de que se tratava de um cemitério indígena. Hipótese que, para ser confirmada ou refutada, precisa de um estudo mais detalhado e aprofundado, realizado certamente por arqueólogos mais experientes. Porém, para o momento, serve apenas o registro e a constatação da forte presença indígena na região.

A maioria dessas ocorrências e vestígios arqueológicos foi identificada na área do alto Mapuá entre as comunidades São José, lago do Socó, Santa Rita, rio Cumaru e Nossa Senhora de Nazaré, lago do Jacaré. Em parte dessa área, mais precisamente entre a comunidade Canta Galo e o lago do Jacaré, a pesquisadora Dirse Kern, do Museu Goeldi, nos anos de 1997 e 1998, a convite da Divisão de Cultura da Prefeitura Municipal de Breves[24], mapeou um cemitério de sepultamento antigo, os "esteios ou postes rudemente talhados" (KERN, 1997, p. 3) às margens do rio Canta Galo.

Além desses dois registros, essa pesquisadora mapeou ainda os restos de uma canoa velha, que encontrei apenas o suposto local. De acordo com o relatório de campo dessa pesquisadora, os restos dessa canoa foram coletados e depositados na extinta Divisão de Cultura em Breves. Kern (1997) justifica que a coleta se deu porque os restos dessa canoa se encontravam em vias de deterioração e que as peças removidas seriam utilizadas para reconstituição de uma maquete. Ação que na época ficou sob a responsabilidade de Paulo Joubert e Nazaré do Socorro Marques, discentes dos cursos de Geografia e História do Campus Universitário do Marajó-Breves, que acompanharam Kern na viagem ao Mapuá.

Estive no Departamento de Patrimônio da Prefeitura e na Casa da Cultura em Breves para obter informações sobre a suposta maquete ou até mesmo peças da canoa, porém ninguém soube me informar o que de fato aconteceu. Procurei por Paulo Joubert, o qual me informou que, por motivos políticos, não foi possível fazer a maquete como era a proposta. Mas que

---

[24] Na época essa Divisão era coordenada por Maria de Nazaré Barboza de Oliveira ou Nazaré de Oliveira, como era conhecida. Entre os anos de 1970 e 2000, Nazaré de Oliveira atuou como educadora, pesquisadora, folclorista, escritora, poetisa, compositora, artista e produtora de eventos culturais em Breves. Sua vida, obra e trajetória foram trabalhadas por Adriana Caetano em sua dissertação de mestrado. Disponível em: http://up.mackenzie.br/en/master-and-doctorade/education-art-and-history-of-culture/teses-e-dissertacoes-detalhada/artigo/nazare-oliveira-uma-educadora-marajoara/.

as peças ficaram na extinta divisão de cultura e depois levadas à Casa de Cultura. Acontecimento que, no mínimo, registra o tratamento atribuído pelo poder público municipal ao patrimônio arqueológico da região.

Kern (1997) relata ainda que levou uma pequena amostra da canoa a Belém, analisada pelo pesquisador Dr. Pedro Lisboa, do Departamento de Botânica do Museu Goeldi, constatando que a canoa foi construída pelo menos com dois tipos de madeira, no caso, acapu (*Vonacapona americana – Leguminosae*) e piquiá (*Coryoear villosun*). De acordo com a pesquisadora, pelo tamanho das peças encontradas, tratava-se de uma canoa de grande porte que, provavelmente, encalhou no período de águas baixas. Nas lembranças de seu Eurico Tavares (2017), era de fato uma canoa grande, que pertencia a Constantino Félix, um dos patrões da borracha no Mapuá. Narrativa partilhada por D. Irene Horta (2017). Os demais moradores não sabem explicar quando a canoa foi encalhada nem a quem pertence. Mas supõem que pertencia a algum dos patrões da borracha, pois, na época, eram os únicos que tinham embarcações e poderiam navegar livremente pelas águas do Mapuá, e por ter encalhado próximo à vila Canta Galo, onde Constantino morava, o mais provável era que pertencesse a esse seringalista.

Kern mapeou também três sítios arqueológicos que apresentaram "solo com a coloração preta, chamado de Terra Preta Arqueológica (TPA), Terra Preta de Índio ou apenas Terra Preta" (KERN, 1998, p. 5). A TPA é muito utilizada pela população do alto Mapuá para o cultivo da roça em função de sua fertilidade. Kern, em uma análise preliminar, conjecturou serem os sítios extensos com 60 a 80 cm de refugo ocupacional. Os 48 fragmentos de cerâmica e lítico coletados nas localidades São Domingos, Bernardino e lago do Jacaré, alto Mapuá, levaram essa arqueóloga a verificar que:

> Quanto ao tempero há predominância dos fragmentos com antiplástico cariapé, ocorrendo raras exceções de areia e cariapé misturado com caco moído; quanto à decoração, a maior parte é simples, ocorrendo vermelho, digitado, inciso e engobo. Foram encontradas bordas simples e decoradas, base e aplique. (KERN, 1998, p. 5).

Os sítios de TPA podem ser caracterizados como solos férteis e instáveis, resultantes de ocupações indígenas antigas. Garcia *et al.* (2015, p. 53) definem a TPA como "solos que se formaram em decorrência da ocupação humana, resultado do descarte de resíduos orgânicos de natureza diversa que implicaram na modificação das propriedades do solo". De acordo com Schaan (2009b, p. 114), os sítios de TPA se encontram

> [...] localizados ao longo dos rios e às margens de lagos que possuem uma terra de coloração escura, muito fértil, onde se encontram fragmentos de antigos utensílios de cerâmica e rocha, resultantes de ocupação densa e prolongada.

Com base nesse mapeamento, incluindo os achados de Kern, percebemos que as paisagens no Mapuá congregam significativos sítios e ocorrências arqueológicas que juntos dos objetos artesanais contemporâneos formam, para as famílias, o seu patrimônio material e arqueológico. Outro aspecto observado diz respeito ao fato de que os bens arqueológicos se apresentam atravessados ao modo de vida dos moradores. Tal como em outras realidades desse arquipélago, esse coletivo possui uma relação direta com o patrimônio arqueológico, notado nos diferentes usos que cotidianamente fazem desses bens, a exemplo dos sítios de terra preta usados para cultivar a roça.

Ação que representa como esses agentes históricos percebem, reconhecem, interpretam e se apropriam do passado. De igual modo, indica que a cultura material na dinâmica da vida diária assume diferentes formas e usos, incorpora aspectos simbólicos, cosmológicos e cognitivos de suma importância na luta empreendida por esse grupo pela defesa do território tradicionalmente ocupado, que, como mencionamos, tem sido definido por eles de patrimônio. Então, esses agentes históricos não só convivem com as coisas, mas delas guardam histórias, sentidos e significados de seus usos, existência, representações que permitem questionar discursos uniformizantes orientados por visões ocidentalizadas. São artefatos que relacionam referências espaciais e temporais, como também elementos materiais e visuais.

Mostra-se, assim, que a cultura material, como assinala Miller (2013), tem um papel ativo, ou seja, exerce agência sobre nós. Em sua teoria das coisas, esse autor defende que essa cultura não está separada das pessoas, "existe como um ambiente exterior que nos habitua e incita" (MILLER, 2013, p. 82). Apoiado em Bourdieu, amplia a ideia de que os objetos não são simples produtos da ação humana, eles também fazem as pessoas, o que caracteriza essa cultura como instrumento de civilidade. Mas, como ressalta o próprio autor, dizer somente que os objetos fazem as pessoas e que as pessoas fazem os objetos não basta. É preciso entender que existe uma relação entre pessoas e coisas. Desde que nascemos, passamos a conviver com coisas de diferentes gerações, e, nesse processo, a aprendizagem ocorre por meio de rotinas, ordenação que leva pessoas e coisas a interagir mutuamente, processo que Bourdieu chama de "teoria da prática" e Miller de "humildade das coisas". Ambos permitem inferir que, por meio e na intera-ção com as coisas, incorporamos e praticamos *habitus* (BOURDIEU, 1989).

Cultura material é, assim, uma construção social. Mas, como lembra Lima (2011, p. 20), "fundada nas propriedades físicas dos materiais", que oferece a nossa criatividade humana, diferentes possiblidades de interação e atribuição de sentidos e significados que mudam ao longo da vida dos objetos. Para essa autora, esse tipo de cultura desempenha um papel ativo e diferentes funções que podem ser tanto para transformar quanto para alienar, o que depende da concepção e ideologias envolvidas.

Na leitura do arqueólogo britânico Ian Hodder (1994), a cultura material desempenha um papel ativo na sociedade. Trata-se de uma cul-tura criada não por um sistema, mas por determinados indivíduos, logo, sua função responde a escolhas ideológicas específicas. Desse modo, deve ser interpretada como um texto, pois envolve um sistema estruturado de símbolos e significados culturais que variam de acordo com o contexto histórico, constantemente transformado. Na transmissão e reconfiguração dos significados culturais, os símbolos se constituem agentes ativos que organizam e recriam sucessivamente a vida social. Processo que inclui, além da produção, uso e descarte de tal cultura, a percepção, representação e performance atribuída pelos outros. Aspectos que elucida ser essa cultura tão importante quanto a própria linguagem na configuração do mundo social (TILLEY, 1991; HODDER, 1994).

No Mapuá, como mencionado, a materialidade produzida compreende diferentes significados, sobretudo quanto ao uso e a representação dos bens arqueológicos, que demostra o vínculo com o passado, mas também quanto à organização e à recriação da vida social, da qual fala Hodder (1994). Em relação ao uso do bem arqueológico, é oportuno observar que não se carac-teriza propriamente em destruição, mas reflete uma forma particular de fruição e apropriação do passado estabelecido pelas famílias. Bezerra (2013, p. 108) compreende esse processo como uma espécie de "imbrincamento sensorial das pessoas com as coisas do passado" e os usos contemporâneos da cultura material denotam uma riqueza de elementos de suma impor-tância para o entendimento de percepções sobre ela. Atentar para questões como essa contribui na compreensão de Bezerra para consolidar o campo da Arqueologia Sensorial, bem como amplia a possibilidade de discussões para o que ela chama de "sensibilidades contemporâneas sobre as *coisas do passado*" (BEZERRA, 2013, p. 108, grifos da autora).

Apoiada em Castañeda (2007), entende que as apropriações contemporâneas da cultura material se constituem formas singulares de fruição com o passado. Por isso, defende a importância de se considerar, nas pesquisas arqueológicas, a experiência sensorial e o imbrincamento das pessoas com as coisas, aspectos raramente explorados pela ciência arqueológica (BEZERRA, 2013). Mirar os sentidos na compreensão das práticas culturais pode ser um dos possíveis caminhos para reconhecer e valorizar as múltiplas funções que o patrimônio arqueológico, em contextos como o Mapuá, desempenha. Em outros termos, consiste em possibilidade real para romper com a tônica da patrimonialização, que tende a obscurecer as distinções e práticas locais.

Nessa dinâmica de uso, apropriação e representação do passado, compreende-se que as coisas arqueológicas desempenham tanto a função de testemunha da história do território quanto a de portadora da memória dos moradores. Memória é, aqui, interpretada como aspecto gerador de identificações culturais e as coisas como auxiliadoras da materialização da memória. Entendo que a memória não é "um receptáculo passivo ou um sistema de armazenamento, um banco de imagens do passado" (SAMUEL, 1997, p. 44), cristalizada no tempo. Mas uma construção histórica "reorganizada e reestruturada pelo ato de rememorar" (AYOUB, 2016, p. 259). Todavia, a memória não se reduz ao ato de recordar, enquanto construção histórica, ao contrário, envolve a interação com o cotidiano, permitindo criar condições e significados para evitar que as raízes históricas se percam no tempo (DELGADO, 2010).

Para Ayoub (2016), faz-se necessário pensar e estudar a memória em Arqueologia a partir da perspectiva da múltipla temporalidade e da biografia dos artefatos. Com base em estudos bibliográficos e metodológicos de diferentes arqueólogos, a exemplo de Michael Shanks (1996), o estudo da múltipla temporalidade revela um novo foco cronológico para se pensar e estudar o artefato. Essa teoria parte do princípio de que se os vestígios do passado se fazem presentes na contemporaneidade, significa que estavam também no decorrer dessa temporalidade, logo influenciaram e foram formados pelos múltiplos tempos históricos.

É possível iterar que a múltipla temporalidade se caracteriza como uma significativa e potencial condição para que a Arqueologia possa romper com a tradicional divisão temporal, cujos artefatos e monumentos são estudados e pensados por períodos, a exemplo de pré-colonial e colonial.

Na prática, a múltipla temporalidade significa possibilidade de questionar o silenciamento das vozes subalternas (SPIVAK, 2014). Constitui também condição para reconhecer que a cultura material tem uma biografia que dá ao artefato significado e evoca a memória a partir da relação estabelecida com as pessoas. Isso representa a forma como a pessoa fez uso do artefato ou ainda como o artefato foi manuseado por diferentes indivíduos durante sucessivos processos de construção, reprodução, "troca e uso gerando assim histórias que podem ser centrais para certos indivíduos e/ou grupo em suas construções da memória" (AYOUB, 2016, p. 259).

Ayoub (2016) demonstra ainda, com base em Andrew Jones, que os monumentos e os artefatos adquirem, no decorrer do tempo, uma extensiva biografia fruto de usos e reusos das múltiplas gerações, em que cada uma atribui de acordo com seu tempo e vivência significados, interpretações e reinterpretações que fazem dos artefatos elementos ativos na geração de memórias. O artefato tem, dessa forma, a função de provocar a rememoração, porém a memória não é algo inerente ao artefato, mas se constitui em uma construção resultante da prática da rememoração. A memória caracteriza-se como o elemento de construção da identidade individual ou coletiva, por isso, rememorar constitui-se em uma atividade fundamental, cujo artefato desempenha a função de auxiliar em sua materialização (LE GOFF, 2013; AYOUB, 2016).

Durante o percurso metodológico, o trabalho com as memórias me permitiu entender um pouco melhor o processo de formação do registro arqueológico local e, nesse movimento, a organização dos espaços praticados. São registros que ajudam a pensar como os espaços foram ocupados à luz da atuação de diferentes gerações, que, cotidianamente, em suas múltiplas maneiras, criaram e recriaram o cotidiano e as relações sociais. Aliado à Arqueologia Etnográfica, o estudo da memória, por meio da História Oral, configurou-se em uma importante ação metodológica para dar visibilidade às práticas, à cultura material, às vozes, aos silêncios e aos saberes locais (GEERTZ, 1997; DE CERTAU, 1998).

O texto segue agora dialogando com os achados arqueológicos, caracterizados como paisagens arqueológicas, pois ressaltam a nítida relação entre sociedade humana e ambiente. São coisas arqueológicas que integram os espaços e as paisagens e narram o processo de ocupação e espacialização do Mapuá praticado desde seus primeiros habitantes. Trata-se de uma materialidade resultante de diferentes trocas simbólicas e materiais, negociadas à luz da perspectiva de cada indivíduo e/ou grupo social.

3.2 PAISAGENS ARQUEOLÓGICAS: PROCESSOS E EFEITOS SOCIAIS NOS ESPAÇOS PRATICADOS

Tomo de empréstimo da Arqueologia da Paisagem o pressuposto de que a paisagem se constitui em processos e efeitos sociais nos espaços (OREJAS, 1995, p. 96). Isso significa que espaço e paisagem interferem na configuração simbólica da sociedade, isto é, produzem, recebem, processam e transmitem mensagens sociais. Têm, assim, uma relação direta com o artefato que, dentro desse processo, pode ser interpretado como elemento integrador e dinamizador do espaço. Verifica-se, nessa dinâmica, a construção de diferentes códigos, performances e significados que refletem as relações sociais do presente e do passado. Sugere-se, dessa forma, que as paisagens não são apenas quadro de memórias e/ou molduras nos espaços geográficos onde se desenvolvem as relações humanas, são, antes, construções sociais impregnadas de sentidos e significados ancestrais e atuais (HODDER, 1994).

O espaço se caracteriza, nessa dinâmica, como meio em que as práticas e as estruturas sociais são geradas por meio de uma relação processada sempre no e pelo diálogo, característica entendida como fundamental para superar as dicotomias da modernidade (SHANKS; TILLEY, 1987). Tal perspectiva, na Arqueologia, constitui-se possível com a vertente Pós-processual, que, com suas diferentes orientações teóricas, permite dar ênfase a aspectos e dimensões temporais e espaciais do comportamento humano, não alcançadas pelas demais correntes, autorizando construir formas diversas para se conhecer representações acerca do passado na relação com o presente.

No esforço de ampliar o entendimento sobre a paisagem, apoio-me ainda no escrito de Flávio Leonel Silveira (2009, p. 72), que sugere ser fundamental considerarmos esse fenômeno em dois níveis indissociáveis. O primeiro se refere à necessidade de se entender que a "ação modeladora do mundo natural pelos grupos humanos indica uma experiência ético-estética relacionado a um estar-junto", em que se manifesta e compartilha uma espécie de sentimento comum acerca do meio ambiente que o integra. Nesse processo integrativo, observa que o sujeito vivencia um vínculo duplo. Na prática, significa que meio ambiente e sujeito foram modificados.

Quanto ao segundo nível, defende que a paisagem deve ser tomada como um tema interdisciplinar, para que a condução de reflexões teórico--conceituais seja cotejada por diversos campos disciplinares. Silveira (2009, p. 73) sustenta a ideia de que "o caráter polissêmico da paisagem resguarda um universo de imagens e ideias" que um único campo disciplinar não consegue abarcá-la. Em sua perspectiva, paisagens são manifestações e fenômenos culturais que se transformam ao longo dos tempos.

Entendo paisagem como elemento cultural dinâmico, polissêmico e polifônico, que resulta da relação estabelecida entre cultura e natureza. Abarca elementos e processos específicos orquestrados por percepções sensíveis, escolhas, estética, ética e espiritualidades. Para ser estudada e analisada, como dado arqueológico, necessita de sua contextualização histórica.

De acordo com Hodder (1994), os dados arqueológicos precisam ser contextualizados e analisados de forma que permitam conhecer a relação simbólica e mental entre as pessoas e os modelos espaciais por elas gerados. Na compreensão desse arqueólogo, as paisagens configuram-se como reflexos tanto das relações no presente entre natureza e cultura como de vínculos que ligam ambos ao passado. Os registros arqueológicos, vistos aqui como paisagens arqueológicas, ilustram o modo como os espaços foram definidos, modelados e praticados em cada tempo histórico, que refletem exatamente a relação da sociedade com o meio natural habitado conectando passado e presente, como sugere o autor supracitado.

O patrimônio se constitui, nessa perspectiva, marco de memória de determinada paisagem cultural, que, para Silveira (2009, p. 72), configura-se como "manifestações culturais", experienciadas em contextos específicos. Schaan (2009d, p. 16) entende a paisagem como modificações feitas pela ação humana no espaço geográfico para atender suas demandas políticas, econômicas, sociais e culturais. Para essa autora, na Amazônia, o estudo das paisagens do passado permite ao pesquisador "estabelecer a conexão entre presente e passado" como a melhor forma de se refletir sobre as complexidades das inter-relações "entre populações humanas e meio ambiente na região" e a dinâmica cosmológica.

3.2.1 Sítio arqueológico de cemitério Indígena Amélia: memória Indígena Mapuá

O sítio arqueológico de cemitério indígena Amélia está assentado à margem esquerda do rio Mapuá na localidade conhecida como vila Amélia, provável aldeia dos Mapuá. Nesse local, por sugestão, entre os dias 22 e 27 de agosto de 1659, foi assinado o acordo de paz entre os colonizadores, representado pelo Padre jesuíta Antônio Vieira, e os indígenas, sob a representação de Piyé Mapuá (PACHECO, 2009).

Para a população local, a existência desse sítio é uma descoberta recente. Muitos moradores, como veremos mais adiante, neste tópico, negam a possibilidade de índios terem ocupado esse território, elemento que ajuda, em parte, a justificar as edificações que podemos observar na imagem a seguir.

Figura 2 – Prédios da Igreja Nossa Senhora das Graças, construídos sobre o sítio arqueológico de cemitério indígena Amélia, Vila Amélia, médio Mapuá

Fonte: a autora, 2017

Como se observa na figura, há quatro construções. São prédios destinados a atender às celebrações religiosas da comunidade. Assim, todos os domingos ou período da festividade da padroeira, em novembro, esse espaço é habitado e praticado pelas famílias. Em toda essa área, conforme seu Josimar da Silva (2015), é comum achar pedaços de cerâmicas, telha, tijolos, vestígios que têm sido identificados como prováveis igaçabas. Com o levantamento não interventivo, identificamos sete prováveis igaçabas assentadas na área desse sítio, todas posicionadas próximas às margens do rio (Figura 3).

Figura 3 – Vestígios de prováveis igaçabas no sítio arqueológico de cemitério indígena Amélia

Fonte: a autora, 2017

Duas dessas igaçabas, pela dimensão no solo, indicam que são menores, o que pode sugerir dois tipos de sepultamentos: secundário, nas urnas maiores; e cremação, nas menores. Joana Troufflard (2010, p. 33) comenta, com base nos achados de Meggers e Evans no Teso dos *Camutins* que, no Marajó, os rituais de enterramentos envolviam ambos os tipos. Mas o secundário é o mais comum na Amazônia; e o de cremação aparece vinculado à fase tardia da cultura marajoara (SCHAAN, 1996). Outro tipo de enterramento foi defendido por William Curtis, naturalista que escavou, em 1915, na Fortaleza, região do lago do Arari e no Teso *Camutins*. Este viajante chegou a afirmar, a partir de seus achados, que "os indígenas foram enterrados em posição sentado dentro das urnas" (TROUFFLARD, 2010, p. 32).

De acordo com as memórias herdadas de seu Antônio Galo, o sepultamento de um índio na floresta envolve o seguinte ritual.

> *Índio morrendo vai pra dentro de um de uma lagoa, chama-se lago do lamento, lagoa do lamento. Aí coloca lá, quando começa se decompor a carne, aí que vai fazer a lavagem dos ossos e tirar a carne, tirar todos os ossos, ossos por ossos não pode perder um. A pessoa que tinha o maior sentimento das três pessoas, só três que iam fazer a lavagem dos ossos e uma cesta preparada pra colocar os ossos todo dentro daquela cesta; depois de colocar todos os ossos dentro da cesta aí uma ramagem de flor da maneira que todos os índios gostassem. Aí que ia para o lamento do índio de*

> *maior sentimento pra colocar, uns tinham uma tira de pedra pra riscar o braço e derramar o próprio sangue em cima dos ossos. Aí a caçapa pronta pra colocar os ossos dentro. Por isso que é assim como pote. Colocar os ossos, selar pra poder sepultar em pé. E só os ossos, a carne já tinha sido decompondo lá no próprio lago de lamento, lá ninguém podia triscar, aí sepultavam. Se caso o índio tivesse algum bem [...] colocavam dentro da própria caçapa e enterravam junto com os ossos.* (ANTÔNIO GALO, 2014).

O índio morto era colocado no lago do lamento porque *"os ossos, a terra tem o direito de comer, a carne a água tem que decompor porque foi ela que alimentou o corpo pra sobreviver, a terra tem o direito de dá fim nos ossos"* (GALO, 2014). Schaan (2009b) comenta que nas sociedades amazônicas do período pré-colonial, incluindo a elite marajoara, os mortos eram enterrados em urnas cerâmicas, que aparecem combinadas normalmente à prática do enterramento duplo ou secundário, que consistia no "[...] enterro apenas dos ossos após um processo de retirada das partes moles e limpeza" (SCHAAN, 2009b, p. 79).

No geral, nas sociedades etnográficas, a decomposição ocorria quase sempre dentro de um vaso grande colocado em locais provisórios, mantido sempre perto da residência. Era um processo que levava semanas e até meses. Drenavam periodicamente fluídos e líquidos, às vezes, por meio de um furo no fundo do vaso, característica identificada na Amazônia, onde essa prática consistia na "identificação de ossos desarticulados, às vezes pintados, dentro de urnas cerâmicas" (SCHAAN, 2003, p. 3).

A decomposição é interpretada por arqueólogos como o tempo que a alma precisa para efetuar a transição; é também relacionada ao tempo necessário para se adquirir recursos e organizar as cerimônias. Observa Schaan (2009b) que esse tipo de ritual demandava uma série de preparativos. Para a elite marajoara, os funerais eram vistos como uma poderosa tática para promover coesão social, cooperação, realização de trocas e distribuição de alimentos etc. Ritual importante para reafirmar as estruturas hierárquicas existentes. Assim, envolviam elaboradas urnas acompanhadas do uso de pratos e tigelas decoradas, vasilhas de formatos exóticos, estatuetas etc., elementos considerados bens de prestígios, que confirmavam a hierarquia dos grupos sociais.

Após a decomposição, a cerimônia era realizada para a abertura da igaçaba e a preparação dos ossos e o enterramento. Os ossos eram acondicionados na mesma igaçaba ou em outra. O rito se encerra com a disposição final da igaçaba no cemitério. Nesse tipo de sepultamento, quase sempre as igaçabas eram parcialmente enterradas dentro de um templo, ou casa, tendo o cuidado de manter a abertura à superfície, coberta com um prato invertido, para que o morto pudesse ser reverenciado periodicamente num ritual com exumação, limpeza e acomodação dos ossos (SCHAAN, 2009b).

Nesse processo, a localização espacial dos cemitérios se configurava em uma característica básica da prática funerária, identificada pelos estudos arqueológicos para explicar concepções cosmológicas, simbólicas e políticas (HODDER, 1982). No caso da fase marajoara, o enterramento era geralmente feito em aterros no mesmo local de habitação. Atributo que tem sido interpretado como necessidade de escapar das cheias ou até mesmo de defesa e/ou indicação do status social (ROOSEVELT, 1991). Pode ainda representar "marcas de prestígio e liderança", que inclusive pode ter influenciado a construção de aterros maiores em vários lugares do arquipélago (SCHAAN, 2003, p. 8). A localização desses aterros próximos a cabeceiras de lagos e igarapés está relacionada, para Schaan, com a pesca intensiva e a delimitação de limites territoriais.

Os estudos arqueológicos registram ainda a presença da prática do sepultamento primário com uso de vasos grandes em um período inicial, logo substituído pelo sepultamento secundário. Troca que, para Schaan (2009b), ocorre para que a elite marajoara, em função de reforçar sua estrutura de poder, conferisse maior importância aos pares mortos. A proximidade com os mortos reafirmava ainda que os vivos possuíam o poder e a autoridade conferida por sua ancestralidade, como também atesta a memória em relação aos mortos. No fim dessa fase, os arqueólogos identificaram a frequência da prática da cremação, com urnas menores.

A narrativa de seu Antônio Galo sugere que, no Mapuá, se praticava o sepultamento secundário. Mas também não se pode descartar que, pelo menos por um período, se dava o enterramento primário, se considerarmos o fato de as urnas estarem totalmente enterradas, já que os fragmentos das igaçabas foram encontrados há pouco tempo. Mas somente um estudo específico poderá mostrar o tipo de enterramento, de urnas e o status da população enterrada. Minha tentativa hermenêutica do quadro narrado e simbolizado pela performance da tradição oral permite-me compreender e sugerir cultura e natureza em uma relação de simétrica (LATOUR, 2009), em que o corpo é uma extensão dos elementos terra e água.

Pelo exposto, fica evidente que o sítio arqueológico de cemitério indígena Amélia é uma herança, um lugar de memória (NORA, 1993), mas é também a própria memória do lugar. Para interlocutores como seu Antônio Galo, o cemitério é um patrimônio que guarda a história do passado, e, por isso, precisa ser preservado, porque em algum momento trará o reconhecimento para o lugar e seus moradores. Porém, para que isso aconteça, compartilho do pensamento de Schaan (2009, p. 108b), qual seja: de que "a comunidade precisa sentir-se convidada a apropriar-se de maneira construtiva dos bens culturais, preservando a memória também através da conservação da integridade dos sítios arqueológicos".

Outra questão observada nos vestígios identificados no sítio em questão diz respeito à decoração das igaçabas (Figura 4), que na leitura do arqueólogo Diogo Costa apresenta uma decoração similar a outros exemplares com datação de no mínimo mil anos (de 400 d.C. a 1400 d.C.). É possível que sejam vestígios de diferentes fases da cultura marajoara. A decoração em questão traz à tona o grafismo marajoara, o qual pode ser caracterizado para além do antrozoomorfismo, ou seja, ausência de motivos florais; também com estilo labiríntico e repetitivo (quase pré-neoclássico) de traços simétricos formados por linhas retas e ângulos obtusos.

Figura 4 – Vestígios de cerâmica *in situ* com decoração pintada que remontam a estilização da tradição marajoara, Vila Amélia, Mapuá

Fonte: Diogo Costa, 2015

Essa materialidade, embora esteja assentada em uma superfície com erosão, contendo ocupação contemporânea, demonstra-se bem preservada, por isso dizer que o sítio Amélia tem enorme potencial arqueológico. No ano de 2016, os moradores levantaram uma nova construção na área desse cemitério, trata-se do prédio do centro comunitário. Seu Josimar comentou comigo que durante a construção desse centro, vários pedaços de cerâmicas foram revirados juntamente com a terra, e tudo foi igualmente destruído. Ato que certamente se repetirá sempre que alguma construção for feita.

De acordo com Bezerra (2011, p. 58), na Amazônia é comum, nas comunidades de "pequena escala", os moradores construírem suas casas, roças sobre os sítios arqueológicos e de terra preta, bem como armazenarem água e farinha em urnas funerárias, guardarem os objetos encontrados. Feitos que, para essa autora, não podem ser confundidos com destruição, mas como uma forma de esses povos lidarem com o passado, muitas vezes, por eles negado, além de poderem se apropriar de processos de fruição da cultura material.

Mesmo corroborando, em parte, com a perspectiva defendida por Bezerra (2011), naquele momento, ao perceber certa preocupação por parte de seu Josimar em relação à preservação desse sítio, foi difícil não me inquietar e, de alguma forma, sabia que precisava ao menos tentar fazer alguma coisa. Então, por sugestão do orientador, entrei em contato com o Iphan/PA, via e-mail, relatando a situação para entender a posição desse órgão e até mesmo provocá-lo para que alguma ação fosse feita ou pensada nesse sentido.

Alguns dias depois, Rose Mendes/Gabinete do Iphan, em solicitação do Senhor Cyro Holanda de Almeida Lins, Superintendente Substituto do Iphan /PA, respondeu ao meu e-mail, informando ser de conhecimento do Instituto a situação do cemitério, cadastrado há algum tempo como sítio arqueológico Amélia. Mas que, por falta de recursos, ainda não fora possível fazer algum tipo de trabalho no sítio, e que, inclusive, há um processo (de nº 01492.000026/2008-91) com o intuito de fazer um trabalho de salvamento. Porém, até o momento o Iphan não conseguiu recursos para tal fim, e tampouco alguma instituição se interessou pela ação. Por isso, não se tem previsão de quando o trabalho de salvamento proposto irá ocorrer, a menos que alguma instituição científica tenha interesse em estudá-lo.

Esse episódio se tornou interessante, na medida em que me possibilitou levantar reflexões que considero pertinentes para pensar a preservação do patrimônio arqueológico na região. É fato que a situação narrada demonstra o descaso e a falta de cuidado por parte do Estado com a história e a memória do povo indígena, o que pode ser extensivo, não com a mesma intencionalidade, às instituições. Todavia, independentemente de o sítio em questão ser um bem da União, como prevê a legislação, a salvaguarda não pode ser pensada e realizada apenas do ponto de vista da patrimonialização.

Penso que a preservação do bem arqueológico precisa fazer parte das práticas das famílias, e isso requer que elas entendam o cemitério como parte da história e memória do lugar, como "um de seus símbolos de identificação" (BEZERRA, 2003, p. 285), e, principalmente, como um patrimônio da comunidade, fato pouco observado. Na verdade, há certa negação desse patrimônio, o que, certamente, dá-se em virtude de ignorarem a possível ancestralidade indígena. Nas minhas conversas com narradores, identifiquei que, até os anos 2000, as famílias desconheciam a existência do cemitério, e só descobriram quando pedaços de cerâmicas começaram a brotar da terra.

Narra seu Pedro Gonçalves (2017): *"[...] olha aqui ninguém sabia dessas coisas aí, só descobrimos quando a terra começou a quebrar e as bocas aparecer".* Para esse interlocutor, "essas coisas" são de índio, mas tem dúvidas se é cemitério. Pensamento partilhado por D. Irene Lobato (2017), ao afirmar: *"[...] isso é coisa de índio, mas não é cemitério [...]. Lá era casa de forno antiga. Eu tenho pra mim que aquilo é carvão. Mas os antigos diziam que eram alguidar cheio de ouro e prata. Eu acredito".* Para ela, em função desses alguidares, as pessoas da região sonham com dinheiro enterrado.

Já seu Nelson Soares (2017) se nega a acreditar que seja coisa de índio, porque, para ele, índio não mora em lugares de terra baixa, cortada por rios, como é a região do Mapuá, relata: *"[...] olha, índio não sabe nadar, tem medo de água [...] índio é de terra geral [...], aqui não tem terra geral [...], índio nunca morou aqui".* Por ignorar a presença indígena, seu Nelson me confessou que nunca teve curiosidade de olhar os vestígios no cemitério da vila Amélia. Outra interlocutora que nega a presença indígena é D. Maria Madalena da Silva. Para ela, isso é invenção de gente de fora. Narra D. Maria: *"[...] nunca ouvir falar em índio aqui [...], quem diz é gente de fora, que diz que é cemitério de índio, por causa de umas bocas que aparecem na terra lá na vila Amélia".*

Pelo que percebi, quando as "bocas" surgiram da terra, inicialmente, nem um morador atribuiu as cerâmicas aos indígenas. Como observa seu Josimar, quem disse tratar-se de um *"[...] cemitério indígena foram técnicos do IBAMA".* Por isso, D. Maria dizer que isso é invenção de gente de fora. Moradoras como D. Nazaré Borges acreditam que a presença de diferentes vestígios indica a possibilidade de índios terem, no passado, vivido na região, porém não se vê ligada a essa ancestralidade.

Em minha leitura, essa negação à ancestralidade indígena não significa uma total anulação desses povos e sua cultura, mas configura-se como resistência a representação colonizadora, que fez desses povos símbolo do atraso, da selvageria e da incivilidade. Em outras palavras, nega-se os perversos efeitos da colonização sobre os coletivos indígenas, inicialmente tratados como não humanos. Estes tiveram sua cultura, saberes, vidas e ancestralidade roubadas e transformadas em objetos de exploração colonial. Daí prevalecer entre os moradores do Mapuá a história dos indígenas sendo sempre uma história dos "outros" (SCHAAN, 2009). Por isso, o que a ciência chama de sítio arqueológico, cemitério indígena, para os entrevistados não passam de umas bocas que aparecem na terra ou *"pedregulhos"*, como expressa seu Roque Pinto (2017).

É obvio que a ideia de cemitério indígena, sítio arqueológico e, sobretudo, patrimônio arqueológico é uma linguagem, um discurso acadêmico que, ancorado na ciência moderna de orientação cartesiana, invisibiliza a realidade e o saber local (GEERTZ, 1997). Sugere-se ainda que a negação da memória indígena, verificada também nas construções sobre a área do cemitério, pode ser entendida na forma como esse coletivo percebe e se apropria do passado (BEZERRA, 2011).

Nesse quadro de negação da identidade indígena, as exceções entre os narradores parecem ser seu Antônio Galo, Orlando Miranda e Josimar Silva, sujeitos que constantemente estabelecem diferentes contatos, portanto, têm acesso a outras fontes de informação. Seu Antônio Galo se refere ao sítio arqueológico como lugar em que seus ancestrais foram enterrados, embora tenha descoberto o cemitério da mesma forma que os demais. Durante as escutas, constatei que, na época dos patrões da borracha, no local em que está o cemitério indígena, Constantino Félix criava gado e porcos. E o único cemitério do qual todos sabiam era o Santa Lúcia, que fica a menos de um estirão da vila Amélia, onde esse patrão foi enterrado. Então, é possível sugerir que o discurso assumido por seu Galo, assim como os demais, começou a ser exercido com a descoberta dos vestígios. Todavia, isso não descaracteriza a ancestralidade e o saber indígena que alega ter herdado de sua avó Ambrosina.

Diante do exposto, penso que um caminho possível para tratar da negação indígena seja uma educação escolar que em diálogo com a pesquisa arqueológica integre em seu currículo estudos sobre a memória indígena e contextualize os reflexos dessa ancestralidade roubada. No percurso etnográfico, em diálogo com alunos e professores, percebi que os educadores, pouco ou quase nada sabiam da existência do cemitério indígena e desses povos na região. Os alunos, embora saibam e reconheçam a existência do cemitério, assim como os pais, não acreditam que seja coisa de índio, e, principalmente, que possam ter alguma relação com os antepassados de seus familiares, fato que, como mencionado, revela a força da colonialidade na Amazônia marajoara.

3.2.2 Sítios de cemitérios-florestas: espaços de memórias da borracha

À margem direita do rio Cumaru está o cemitério Santa Rita, há menos de cinco minutos da vila de mesmo nome. Assentado em uma área de várzea, esse cemitério, durante o inverno, fica totalmente coberto pela água, e, no verão, pela vegetação alta, retirada apenas no período da iluminação, ou quando se faz enterramentos. A origem desse espaço mortuário, de acordo com as memórias narradas, remonta ao século XIX, porém não se tem uma data exata de quando foi criado. Supõe-se ser desse século pela existência de sepulturas com datação de 1887.

Desse período, identifiquei dois tipos de sepulturas. Um tipo com uma laje provavelmente em mármore apresenta a data de falecimento, nome do falecido, nome de parentes mais próximos e frases. Nesse tipo de sepultura, também chamada de tumba, como mostram as Figuras 5 e 6, identifica-se uma armação de ferro, com detalhes e moldura por sugestão em chumbo ou bronze na parte superior. Registrei duas tumbas com esse *design* funerário, uma tumba com a laje toda quebrada e sem a armação e mais três armações de ferro sem as lajes espalhadas pelo cemitério, indicando a remoção delas. Alguns moradores me informaram que um bêbado jogou no rio vários pedaços de lajes desse cemitério, o que pode explicar as grades sem laje.

Figura 5 – Moldura provavelmente de cobre ou chumbo. Cemitério Santa Rita, rio Cumaru, alto Mapuá

Figura 6 – Tumba em mármore, cemitério Santa Rita, rio Cumaru, alto Mapuá

Fonte: a autora, 2017

Fonte: a autora, 2017

Nas duas sepulturas/tumbas com lajes inteiras, a exemplo da Figura 6, identifiquei as seguintes inscrições:

- Francisca Gonçalves de Castro – data de falecimento 19 de fevereiro de 1887;

- Anna Silva Porto – data de falecimento 28 de fevereiro de 1905.

O outro tipo de tumba parece se tratar de um mausoléu (Figura 7), uma tumba de família com indicação para quatro sepulturas feita com tijolos, com detalhes e acabamento com lajota. Na parte de cima, identifica-se dois tipos de lajota, uma cruz em ferro na primeira sepultura, que tem a parede da frente mais elevada, provavelmente do pai, e três pequenas torres no formato de triângulo em cada uma das demais sepulturas. É uma tumba grandiosa que ocupa a maior área e lugar de destaque na disposição espacial do cemitério. É a primeira sepultura que se vê ao avistar esse local. Cabe registrar que nessa sepultura não encontrei nenhum tipo de informação escrita como nas demais, e nem a população local soube informar algo a respeito.

Figura 7 – Mausoléu no cemitério Santa Rita, provavelmente do início do século XX

Fonte: a autora, 2017

A hipótese é que tanto as tumbas como o mausoléu são sepulturas que indicam o poder aquisitivo da família e/ou a posição social ocupada pelos mortos na realidade local. Tais mortos provavelmente eram pessoas ligadas aos seringalistas da época, à elite do lugar, fato que, para seu Orlando, faz das tumbas elementos históricos que refletem o poderio instituído, no Mapuá, pelos famigerados coronéis e patrões da borracha. Uma leitura cronológica dessas sepulturas nos possibilita indicar uma conexão direta com os efeitos da *Belle Époque*[25] no Marajó, acontecimento histórico marcado pela exploração da borracha, migração de nordestinos para trabalhar nos seringais e a entrada dessa região na era do capitalismo mundial até o início do século XX (LACERDA, 2006; PACHECO; MELO; ARAÚJO, 2015; LIMA, 2013).

Além dessas sepulturas, há várias outras de tempos mais recentes, identificadas com cruzes de madeira de diferentes tamanhos, e duas sepulturas: uma de criança e uma de adulto, feitas com laje e lajota. O cemitério traz expresso, em sua assinatura, a marca de uma estratificação social e econômica, que reflete ideologias políticas, financeiras e sociais do ambiente cultural e históricos específicos. É uma materialidade que permite destacar a importância da cultura material para a constituição da memória cultural e social do passado (COSTA, 2012; AYOUB, 2016).

---

[25] Fenômeno responsável por modificações estruturais e culturais, especialmente nas áreas nobres de Belém e Manaus, cidades que se tornaram elementos chaves para a logística do comércio gomífero na região (SARGES, 2002; LACERDA, 2006). Na periferia dessas cidades e em outras partes da Amazônia os efeitos desse fenômeno reverberaram de forma diferente. No rio Mapuá, para os seringueiros significou tempo de exploração da floresta à luz da violência e do trabalho análogo à escravidão e para os seringalistas a dominação do território e dos seringais.

Na inserção em campo busquei por pessoas que tivessem algum parentesco com os mortos ou soubessem informar algo a respeito dos sepultamentos e das famílias em questão. Porém, ninguém soube contar ou lembrar de alguma informação. A suposição que ganha corpo no imaginário local é que eram pessoas de posses, trabalhavam com a extração da borracha e eram ligadas aos donos do Mapuá.

Duas tumbas e quatro grades semelhantes encontrei no cemitério Santo Antônio, comunidade Perpétuo Socorro, por suposição, criado no século XIX, próximo à vila Santa Rita. Nessas tumbas, obtive as seguintes inscrições: uma pessoa do sexo feminino da família Fulgêncio Corrêa Miranda e Maria Pinto Miranda, data de falecimento em 18 de setembro de 1897, e tumba de Maria Ribeiro Nascimento, data de falecimento de 28 de junho de 1897.

Em ambos os cemitérios, as tumbas são de mulheres, sugerindo a importância dada a elas pela família e a sociedade local. Também, assim como em Santa Rita, no espaço mortuário Santo Antônio, os enterramentos continuam sendo praticados. Ambos os cemitérios durante o inverno ficam embaixo d'agua. Não há capelas em nenhum, a diferença entre eles consiste na cruz dos mortos ou cruzeiros, que se faz presente apenas no cemitério Santo Antônio, representado pela figura de um anjo.

Outro cemitério, também de origem no século XIX, com tumbas semelhantes aos espaços descritos, é o cemitério do lago, chamado por seu Eurico Tavares e seu Jorge Miranda de cemitério *"Tu Já"*, localizado à margem direita do lago do Jacaré. O espaço mortuário *"Tu Já"* se encontra assentado em um pequeno terraço de terra firme entre as casas dos moradores da vila Nossa Senhora de Nazaré. A primeira informação repassada indicava ser um cemitério particular, gerenciado por Leopoldina Maria Barbosa. Essa mulher, no imaginário local, não tinha marido, apenas um filho, que morreu quando criança. Seu apego era tamanho ao filho que morreu de tristeza logo em seguida. E ambos foram enterrados no cemitério que supostamente gerenciava.

Hipótese que, com uma breve análise dos dados, foi facilmente refutada. Primeiro, porque no cemitério consta a tumba de Leopoldina e de uma filha (e não filho), que morreu ainda criança, aos 13 dias de dezembro de 1883. Segundo, Leopoldina morreu somente em 1898, ou seja, 14 anos depois da filha. E, pelas inscrições em sua tumba, ela tinha outros filhos. Nos registros encontrados por Dione Leão, revelou-se que Leopoldina Barbosa morava na vila Nobre, Canaticum, e tinha filhos com Pedro Gomes de Moraes.

A vila Nobre, de acordo com as lembranças dos interlocutores e com o que fora registrado por Theodoro Braga (1919), pertencia ao seringalista cearense José Nobre, onde tinha um imponente chalé e muitas famílias cearenses que trabalhavam com ele. Leopoldina, em hipótese, era cearense e trabalhava com o compatriota seringalista. Mas também mantinha vínculo com o vizinho português, Joaquim Nunes Horta. Nas lembranças de D. Irene, essa mulher era comadre de seu avô, dado que explica o sepultamento dela e da filha no cemitério do lago.

Nesse cemitério, que pertencia ao coronel, patente atribuída, às vezes, a Joaquim Horta, de acordo com as memórias aprendidas de seu Jorge Miranda (2015), só era enterrada aquela pessoa cujos familiares pudessem pagar. Por isso, um padre jesuíta chamado Teixeira atribuiu o nome de "Tu Já" ao cemitério.

Narra seu Jorge Miranda (2015):

> Chegavam com ele [...] olha eu tenho um morto acolá, eu preciso enterrar ele porque não tem outro canto. Aí ele olhava para o cara. É me dá tantos quilos de Borracha [...] vai lá enterra ele lá. Aí ele ainda dizia: tu estás liberado. Por isso o padre Teixeira colocou o nome de Tu Já, porque tinha que ser liberado por ele (o coronel).

Afirma seu Jorge e seu Eurico que esse suposto pagamento só deixou de acontecer com a abertura de outro cemitério na localidade São Sebastião, chamado de cemitério dos pobres, informação não confirmada por D. Irene Horta. Para Dirse Kern, esse cemitério não poderia ser particular por existir, entre as tumbas, uma diversidade de sobrenomes, o que indica se tratar de um cemitério coletivo. Os dados empíricos revelaram que era de fato um cemitério particular, e as pessoas que lá foram enterradas tinham alguma ligação com os donos, no caso, Joaquim Horta e a esposa, Josephina Horta. Tratava-se de pessoas ligadas por laços de parentesco, amizade ou compadrio, como supõe ser o caso de Leopoldina Barbosa, o que ajuda explicar a diversidade de sobrenomes. Era, desse modo, um cemitério da elite local, no caso, os portugueses e seus descendentes e apadrinhados. Os seringueiros pobres, quando não eram enterrados na floresta, eram levados para o cemitério São Sebastião ou cemitério do Canaticum.

Em 2015, seu Jorge Miranda, genro de D. Irene, nos mostrou, em meio ao mato alto, cinco tumbas (chamadas por ele de pedra) nesse cemitério, com datação do fim do século XIX. Contou-nos, nesse momento, sua versão da história e memória desse cemitério, aprendida com os mais velhos. De posse de um terçado e um balde com água para lavar as pedras, esse narrador foi roçando e abrindo caminho para nos levar até as tumbas. Em cada uma, ao passo que lavava e tirava o mato, narrava uma parte da história, conforme ia lembrando, o que, segundo ele, seu Eurico, Dona Irene e sua vó Maria lhe contaram sobre o cemitério. Lembrou-se de que eram sete pedras, mas duas haviam sido roubadas, supostamente por um regatão que passou pela localidade há alguns anos.

Essa mesma história ele voltou a narrar em 2017, revelando-me, dessa vez, que existiam para mais de 60 tumbas, informação confirmada por outros moradores. Contou-me que certa noite um comprador de palmito do município de Anajás pediu para dormir no porto do cemitério. Esse homem sempre vinha comprar palmito e dormia no porto da casa de seu José Horta. Mas, nessa noite, pediu para dormir no porto do cemitério. Ao amanhecer, logo nas primeiras horas, informou a seu José e irmãos que iria deixar caixas de palmito em outra comunidade, mas que logo voltaria. Desde então, nunca mais voltou. Ato que tem sido explicado pelo suposto roubo das tumbas, pois, segundo afirma seu Jorge, o comprador de palmito ficou rico. Hipótese nada difícil de refutar, porque mesmo roubando todas as tumbas, não conseguiria ficar rico. São tumbas de valor histórico e não necessariamente econômico.

Figura 8 – Lápide do fim do século XIX, Mapuá

Fonte: a autora, 2017

Nas cinco lápides encontradas nesse cemitério, provavelmente em mármore, em algumas constam datação a partir de 1898. Como registrou Dirse Kern (1998), tais lápides apresentam, além da data de falecimento e nome do falecido, frases, figuras elaboradas em baixo relevo; em algumas, nomes dos parentes mais próximos (Figura 8). Uma delas está cercada por uma grade de ferro com detalhes em molduras, possivelmente "em bronze ou chumbo na porção superior" (KERN, 1998, s/p) (Figura, 9 e 10). Há também grades sem as molduras.

Figura 9 – Moldura de lápide do fim do século XIX, provavelmente de ferro e cobre ou
chumbo, lago do Jacaré, alto Mapuá

Figura 10 – Detalhe provavelmente em cobre ou chumbo de lápide do fim do século
XIX, Mapuá

Fonte: a autora, 2017

Fonte: a autora, 2017

As grades sem molduras são menores, certamente sepulturas de crianças, por sugestão de épocas diferente das maiores. De acordo com os moradores, esse cemitério foi utilizado até por volta da década de 1980 do século XX, pelos Horta e famílias das proximidades, principalmente para o enterro de crianças e natimortos. A utilização da grade pode estar associada à perspectiva da proteção do espaço individual dos mortos ou até mesmo como ornamento (MORAIS, 2017). Penso que poderia ser também uma forma simbólica de representar o status social das famílias.

Dirse Kern, em 1998, quando esteve nesse cemitério, conseguiu identificar inscrições mais detalhadas, coisa que não conseguimos, devido a algumas estarem bastante quebradas e outras com inscrições ilegíveis, por causa do limo que as cobre. Conforme as descrições de Kern, essas tumbas têm as seguintes inscrições:

- Leopoldina Barbosa – data de falecimento 27 de maio de 1898;

- Manuel, filho de Venâncio de S. Leão e de A. P. Leão - data de falecimento 06 de fevereiro de 1893. Segundo esta pesquisadora, a ausência do sobrenome e tamanho da tumba, indica tratar-se de um natimorto.

- Uma pessoa do sexo feminino da família F.C. Cunha - data de falecimento 09 de setembro de 1906.

- Mathilde, filha de J. da Costa e Silva e Mª. J. Costa e Silva - data de falecimento 23 de novembro de 1870

- Francisco Ferreira Lima – impossível ler a data do falecimento. Essa tumba estava com a armação de ferro ao redor.

- Casemiro José de Carvalho, pai de Josephina Horta - data de falecimento 07 de julho de 1910 (KERN, 1998, s/p).

Além dessas inscrições, há ainda a da inocente Maria, filha de Leopoldina Barbosa, que como mencionado, foi enterrada em 13 de dezembro de 1883. Nessas tumbas, nos três cemitérios, é recorrente que as informações textuais comecem por frases, chamadas de epitáfios (MORAIS, 2017), introduzidas pelos termos "aqui repousa desde [data da morte] os restos mortais de"; "aqui jaz os restos mortais de". Seguem a essas expressões o nome do falecido, filiação, data do falecimento, e termina com expressões do tipo: "saudades de seus filhos" ou "tributo de amor filial". No caso de crianças, os epitáfios finais registram "tributo de amor paternal". Em duas tumbas, percebi a presença de símbolos que, conforme Lima (1994, p. 105), podem ser definidos como tipos de "signos escatológicos"[26], que têm a função de representar a vida que passa. Isso mostra que as tumbas dos cemitérios-florestas do Mapuá ajudam a contar a história e a memória desse lugar.

Nesse espaço mortuário, tal como no cemitério Santa Rita, as sepulturas também estão próximas umas das outras. Algumas, em ambos os cemitérios, estão bastante quebradas, o que tornou difícil a identificação das inscrições dos nomes dos falecidos e das datas de falecimento, como mencionado em outrora. Adotei o termo cemitério-floresta para caracterizar tais sítios, por entender que são, em sua essência, lugares que, com uma dimensão cultural, simbólica, religiosa e mística, guardam histórias e memórias resultantes da relação que homens e mulheres estabeleceram

---

[26] "São exemplos de outros signos escatológicos a ampulheta alada, a foice e tíbias cruzadas" (MORAIS, 2017, p. 257).

com o lugar, a terra, a floresta, o rio e tudo que isso de fato representa em diferentes épocas. Pode-se dizer que é também um lugar comum que envolve aspecto da vida material e simbólica das famílias daquela localidade.

Além desses cemitérios, na comunidade Santa Rita, mapeamos também uma cruz em madeira com uma laje chamada pelos moradores de Cemitério Pau de Rosa, nome atribuído por causa da localidade. Conforme a leitura da Figura 11, trata-se de uma cruz grande, em madeira, com mais ou menos dois a três metros de altura, colocada sobre uma laje construída em cimento com aproximadamente dois metros.

Há ainda uma pedra (Figura 12), mas não se tem evidências de sepulturas. Aliás, a única sepultura que se tem notícia é o enterramento de um natimorto, conforme informações obtidas com o guia. Em hipótese, pode se compreender que a pretensão seria da abertura de um cemitério nesse local, possivelmente o Santa Rita, mas que, por estar situado distante da boca do rio e da casa do patrão, o projeto foi encerrado.

Figura 11 – Cruz do Cemitério Pau Rosa, braço do Socó, alto Mapuá

Figura 12 – Pedras do cemitério Pau Rosa, braço do Socó, alto Mapuá

Fonte: a autora, 2017

Fonte: a autora, 2017

Os dados partilhados aqui demonstram que a floresta tem histórias e memórias silenciadas, não contadas pela historiografia oficial. Em outros termos, significa entender que as tumbas dos cemitérios-florestas do Mapuá são roteiros de um filme, páginas de um livro, *script* de uma história não vista, não lida, mas narrada pela materialidade e a paisagem arqueológica desde o século XIX. Constatação que ressalta a necessidade e a importância da pesquisa em Arqueologia Histórica na região, cuja materialidade se encontra registrada na memória, nas vozes e gestos silenciados, nos espaços, nas coisas e nos vestígios arqueológicos. Uma dessas materialidades tange aos vestígios atribuídos à memória cabana que mapeei às margens do rio Canta Galo.

3.2.3 Vestígios da "memória cabana" no Mapuá

Na área conhecida por canoa Velha, à margem direita do rio Canta Galo, existem postes ou esteios que, conforme Kern (1997), apresentam "cerca de 20 cm de lado", que a população local chama de trincheiras dos cabanos (Figura 13). Para os interlocutores, esses esteios foram colocados pelos cabanos como táticas de resistência e de combate às forças policiais. Cheguei a esse local com a ajuda de seu Antônio Freitas, agricultor, pastor na vila Canta Galo e ex-seringueiro. A quantidade de esteios afincados no local leva seu Antônio a sugerir ser uma grande trincheira. Comentou: *"Olha, professora, é tudo isso aqui, eu digo que era muito grande. Isso tem muito tempo. Só pode ser dos cabanos. Os mais velhos diziam que era desses cabanos".*

Figura 13 – Esteio, estacas ou postes afincados nas margens do rio Canta Galo, alto Mapuá

Fonte: a autora, 2017

Observando a disposição espacial desses esteios, constatei uma distância de mais ou menos um metro um do outro, dando a impressão que formava uma espécie de trilha ou barricada. Na área em que os esteios estão assentados, na atualidade, não existem moradias próximas, prevalecem a vegetação de *Anhinga* e Aturiá (*Machaerium lunatum*), espécies da Amazônia que indica ser o lugar pouco habitado.

As trincheiras foram uma das estratégias de guerrilha usadas pelos cabanos durante o movimento sociopolítico, ocorrido na Província do Grão-Pará, entre os anos de 1835 e 1840, conhecido por Cabanagem. Narra a memória escrita que, no alvorecer do dia 7 de janeiro de 1835, o movimento cabano explodiu em Belém, com o assassinato das principais autoridades da Província, no caso: o presidente, Bernardo Lobo de Souza, e o comandante das armas, José Joaquim da Silva Santiago (MELO, 2015; BARRIGA, 2014). Um ano depois, a Cabanagem alcançou extensos lugares, atingindo as fronteiras nacionais e internacionais da Amazônia (PACHECO, 2018).

É oportuno esclarecer que a explosão desse movimento se dá em resposta ao cenário de insatisfação e queixas às mazelas sociais que atingia a todos os setores. De acordo com Barriga (2014), na década de 1830, o clima político no Grão-Pará apresentava-se demasiadamente instável e problemático. Era um cenário de grave crise política, orquestrado por ferrenhas disputas, com severas queixas em função do descaso do governo provincial aos problemas sociais e políticos em toda a província. Para combater esse quadro, os chamados cabanos, sob influência de ideias revolucionárias, juntaram-se, tanto na capital como no interior, para combater os projetos políticos existentes na Amazônia.

Nessa dinâmica, instituiu-se um grande movimento formado por pessoas de diferentes origens e esferas sociais: lavradores, vaqueiros, camponeses, escravos fugidos, pequenos comerciantes e servos indígenas, pobres que, defendendo bandeiras específicas e operando com saberes locais, forjaram manobras e frentes de batalhas para lutar, principalmente pelo direito à vida (PACHECO, 2018; SANTOS, 2004). Magda Ricci (2006, p. 6) registra que a revolução social dos cabanos deixou mais de 30 mil mortos, tanto negros, mestiços, índios quanto boa parte da elite da Amazônia. De Belém do Pará, o movimento cabano singrou

> [...] pelos rios amazônicos e pelo mar Atlântico [...] chegando às fronteiras do Brasil central e ainda se aproximou do litoral norte e nordeste. Gerou distúrbios internacionais na América caribenha, intensificando um importante tráfico de ideias e de pessoas.

Nesse universo, vislumbrando perspectivas políticas e sociais que garantissem a eles o direito à dignidade humana, esses revolucionários, chamados de "horda maldita" por Reis (1979 *apud* MELO, 2015, p. 28), criaram inteligíveis formas de enfrentamento e resistência a seus algozes. Adotaram táticas de guerrilhas, como a simulação de guerras com troncos de palmeiras e vários tipos de trincheiras, a exemplo dos buracos cavados na terra com 20m de fundo, semelhantes à toca de tatu-açu, para se livram de balas de canhão; e dos barrancos feitos dos troncos de palmeiras (MELO, 2015).

Na "saga pelos rios e igarapés da imensa calha do Amazonas, do Madeira e do Tocantins, em um movimento de fuga e de interiorização da luta armada" (RICCI, 2006, p. 28), orientados por matrizes de saberes e experiências locais, esses revolucionários em fuga conseguiram erguer outras frentes de luta, ampliar suas bandeiras e urdir diferentes formas de guerrear e driblar o inimigo. Usando a natureza a seu favor, deixaram suas marcas do "médio ao alto Amazonas e rios Negros e Trombetas", no decorrer de 1836 e 1837 (RICCI, 2006, p. 28).

Para melhor esclarecer esse quadro, precisei recuar um pouco e evidenciar acontecimentos que embalaram os cabanos à luta. Nesse propósito, apoio-me nos escritos de Santos (2004), Melo (2015) e Ricci (2006). Santos (2004), valendo-se de uma importante digressão histórica, demonstra os fios e rastros indiciários da revolta cabana no Pará. Aborda a autora que o movimento foi incialmente influenciado pelo viés revolucionário de Batista Campos[27], o primeiro líder cabano que, em fuga pelo interior, conseguiu disseminar, por meio de pregações religiosas, o ideal de luta por liberdade contra a dominação da elite portuguesa em território paraense.

Lembra Melo (2015) que a Província de Grão-Pará foi erguida pela Coroa Portuguesa como estratégia para consolidar o domínio português a Oeste do Tratado de Tordesilhas. Ação acompanhada pela política de concessionária de sesmaria, que criou uma elite de donatários para ocupar os espaços vazios e se estabelecer uma grande disparidade social, com a concentração de terras e bens de consumo nas mãos dos brancos, restando aos índios e negros a marginalização e a exploração. Herança que

---

[27] Comenta Santos (2004) que após a independência as forças políticas paraenses se dividiram em dois grupos: de um lado, os filantrópicos formados por intelectuais, religiosos, pobres e classe média, tendo Batista Campos como principal articulador político. A elite dominante (parte do clero, maçons, empresários) compunha os Caramurus, e, de fato, desfrutava dos privilégios políticos, por isso defendia o retorno de D. Pedro ao trono, o que era combatido por Batista Campos e seu grupo. Antes de sua morte, em 1834, esse líder revolucionário atuou em diferentes frentes, sendo preso e perseguido. Em fuga pelo interior, disseminou, entre as pessoas insatisfeitas com o governo, o ideal revolucionário. Fato que faz Santos (2004) assegurar que os ideais revolucionários cabanos foram plantados por Batista Campos. Sua morte, para seus herdeiros correligionários políticos, significou um marco para inaugurar um novo alvorecer na política do Grão-Pará (MELO, 2015).

contribuiu com a produção de um cenário de crise e conflitos políticos no início do século XIX, em que prevalecia a indignação e a revolta espalhadas por todo o interior do Pará, culminando no movimento da Cabanagem.

Na perspectiva de Santos (2004), esse movimento abrangeu três fases. A primeira tem início com a posse de Félix Malcher, o primeiro presidente cabano, deposto um mês após ter assumido a presidência da província pelos próprios revolucionários que o consideraram um traidor. Malcher mandou prender cabanos e tentou reestabelecer uma administração lusitana e de grandes comerciantes, que os cabanos combatiam. Em seu lugar, assumiu, em 21 de fevereiro de 1835, Francisco Vinagre, que ficou no poder até 20 de junho do mesmo ano. A gestão desse presidente cabano foi marcada por inconstância, já que, ao mesmo tempo que incitava o sentimento revolucionário, pedia obediência às leis e ao governo central, contra quem o movimento lutava.

O despreparo político de Vinagre[28], para essa autora supra exposta, cavou sua própria prisão, fato que levou os cabanos a se refugiarem no interior, retornando com mais força e maior participação popular, liderados pelo jovem lavrador Eduardo Angelim, inaugurando a segunda fase do movimento cabano. Após nove dias de uma árdua luta contra as forças governamentais, Angelim e liderados ocuparam o Palácio do Governo e o Arsenal da Marinha. O novo líder cabano, diante do cenário de alto nível de destruição, reorganizou uma equipe de governo com base "nas forças cabanas, no clero e nas forças armadas" (SANTOS, 2004, p. 64).

Esta foi uma fase de grande triunfo do movimento, com a predominância do sentimento revolucionário de combate à desigualdade, fim da escravidão e conquista da liberdade. Durante essa fase, destacam os autores que os cabanos se valiam do uso do meio natural, rios, igarapés, barcos e canoa para combater as milícias portuguesas. Usavam de astúcia e esperteza para driblar as ações de seus inimigos. Chegaram, inclusive, a criar uma fábrica de pólvora para garantir matéria-prima necessária ao combate (SANTOS, 2004; MELO, 2015; RICCI, 2006).

---

[28] Após quatro meses da eleição, em 7 de abril, para a escolha de membros da Assembleia governamental, que colocou como vice-presidente legal da província, Ângelo Custódio, o qual instalou um governo paralelo em Cametá e, de lá, ordenou investidas contra Belém, chegou a essa capital o delegado Manoel Jorge Rodrigues, novo presidente, acompanhado de várias autoridades, entre elas o D. Romualdo de Seixas, Arcebispo Primaz do Brasil e natural do Pará. A presença do religioso é interpretada por Santos (2004) como estratégia política determinante para afastar do governo cabano o setor progressista religioso, enfraquecendo as autoridades cabanas, que, diante dessa situação, partiram para o interior, com o intuito de esperar o melhor momento de retornar. O novo presidente formou uma milícia chamada de "voluntários de Pedro II" e saiu em perseguição aos cabanos em Belém. O primeiro a ser preso foi Francisco Vinagre, que não acompanhou o grupo na fuga para o interior, sendo enviado ao Rio de Janeiro, onde ficou preso até 1851 (SANTOS, 2004; MELO, 2015).

Todavia, o bloqueio comercial, estratégia adotada pelo poder imperial, que impediu a circulação de barcos transportando alimentos para a capital paraense, contribuiu para enfraquecer o movimento, que pode ser considerada como terceira fase do movimento. Os autores identificam, nesse cenário, certa instabilidade que provocou insatisfação e divisões internas entre os cabanos, acrescido de uma epidemia de varíola. Diante desse quadro, o espírito revolucionário, a capacidade de recuperação e o apoio da população não foram suficientes para manter fortalecido o movimento (SANTOS, 2004; MELO, 2015; RICCI, 2006).

O governo aproveitou a desestruturação cabana e enviou, em 1836, uma ofensiva, liderada pelo Marechal Francisco José de Souza Soares D'Andréa, que retomou algumas vilas próximas a Belém, e fez o movimento recuar outra vez para o interior, com a expectativa de retornar à capital em outro momento. No cerne desse arranjo político, o presidente cabano, aconselhado pelo bispo D. Romualdo de Souza, enviou uma proposta de anistia geral ao presidente legal da província. Alegando amor pela pátria e não querendo derramar mais sangue, pediu 20 dias para se retirar da cidade com seus subordinados, o que D'Andréa recusou. Outras tentativas foram feitas por parte de Eduardo Angelim, porém todas recusadas. Sem acordo, os legalistas retomaram Belém e os cabanos fugiram para o interior, formando novamente grupos de resistências (SANTOS, 2004; MELO, 2015).

Apoiados em experiências e conhecimentos que tinham sobre a mata e usando de criatividade e astúcia, fizeram resistência à ofensiva do novo presidente, viveram uma intensa saga por rios e igarapés amazônicos, provavelmente quando aportaram pelo Mapuá, cujos sinais de seus saberes-fazeres se encontram espalhados em margens de rio e floresta. Nesse período, muitos cabanos foram presos, mortos por enfermidades e até mandado para guerra no sul do país. Na pós-revolução, os cabanos presos foram forçosamente recrutados para trabalhar na reconstrução produtiva do campo e da cidade, que abriu caminho para uma nova fase econômica, a famosa era da borracha. Todavia, mesmo com uma nova fase e a eliminação dos focos revolucionários ocorrido em 1840, quando se decretou a anistia geral, como indica a literatura, o movimento não foi totalmente eliminado, suas marcas e ideais estão registrados na paisagem, memória e história de cada lugar habitado pelos revolucionários.

Como escreve Ricci (2006, p. 28), a Cabanagem deixou sua assinatura revolucionária em cidades "como Santarém, Manaus e toda a região até a fronteira com o atual estado do Amapá". A rota inclui ainda a "calha dos rios Tocantins e Madeira, indo em direção ao Maranhão e ao Piauí".

Influenciaram o nascer de uma Amazônia cabocla, com chefes cabanos nas mais diversas vilas espalhadas pela extensão paraense, integrando um movimento tão vasto e complexo que envolveu intensos contatos e trocas de mercadorias, ideias e práticas revolucionárias, que ensinou a diferentes pessoas do interior e da capital liderar e aprender o significado de termos como "constituição" e "patriotismo" (RICCI, 2006).

No arquipélago de Marajó, apesar da carência de estudos sobre essa temática na região, a historiografia indica que os cabanos teceram sagas por vários lugares desse arquipélago. Segundo Pacheco (2018, p. 53), o historiador Ederson Pinho, orientado por Ricci, em pesquisa inicial tratando da Revolução Social em Muaná (1823-1836), achou, no Arquivo Público do Estado do Pará (APA), poderosas informações da presença cabana em Breves e rio Mapuá. Conta Pacheco (2018, p. 53) que Ederson Pinho achou a capital história de "negro Coco e do Gravata Lavada", duas importantes lideranças cabanas em terras marajoaras, que aterrorizaram "as forças legalistas" da época e, de forma criativa, criaram táticas para se livrarem do opositor. Em documentos achados (ofício de 1º de outubro de 1837, do comandante militar de Breves), Pinho identificou uma "ordem para que uma escolta composta por 28 homens" se deslocasse pelos rios dos Macacos e entrasse pelo rio Mapuá com o intuito de abater os rebeldes ali existentes sob o comando de Coco (PACHECO, 2018, p. 53).

Os fragmentos dos documentos destacadas por Pacheco (2018) sugerem que as lideranças cabanas Coco e do Gravata Lavada organizaram, nessa parte do vale Amazônico, uma tropa de homens que, influenciados pelos ideais da revolução, juntaram-se a essas lideranças para lutar contra o infortúnio e as mazelas oferecidas pela política colonial portuguesa. Comercializando com os franceses, contavam com armas e munição para defender seus ideais revolucionários.

Os achados de Pinho podem ser indícios para confirmar a hipótese levantada por meus interlocutores da presença cabana no rio Mapuá, cujos esteios, chamados de trincheiras, apresentam-se como o documento testemunhal, o registro, a assinatura desse movimento na terra dos bravos guerreiros Mapuá. Sinais desse movimento no Marajó podem ser observados em Melgaço, conforme escreve Pacheco (2018). Comenta o autor que faz parte da memória social, oral e escrita desse lugar como sendo obra dos cabanos, descendentes indígenas e africanos o "altar em estilo barroco da Igreja de São Miguel Arcanjo" (PACHECO, 2018, p. 53), cujos rostos dos anjos foram esculpidos espelhados em rostos dos revolucionários.

Recorrendo ao documentário redigido por Gabriel Severiano de Moura, descendente de cearense que chegou ao Marajó no século XIX, o historiador marajoara observa que, ao contrário das memórias de guerrilha e combate dos demais lugares e espaços ocupados pelos cabanos, em Melgaço o "tempo Cabanal" significou prosperidade, identificado nas benfeitorias deixadas e que reverberaram em anos de prosperidade, encerradas com a chegada de Magalhães Barata ao governo do Pará. Registra ainda o autor que a presença cabana nesse espaço de rio e floresta marajoara é explicada por moradores antigos pela existência de um banco de areia na orla da cidade que impede a entrada de canoas e barco maiores, que beneficiava os cabanos em ganhar tempo na fuga em caso do avançar das tropas legalistas (PACHECO, 2018).

Entrelaçada pelas teias do passado e presente, História, memória e Arqueologia, observo que a presença cabana no Marajó pode ser interpretada como um elemento do imaginário local, da memória social, conforme percebe Schaan e Marques (2012) em Joanes, distrito rural de Salvaterra. Argumentam os autores que a justificativa para muitos objetos valiosos (moedas e utensílios, por exemplo) encontrados no igarapé do Limão é a Cabanagem. Nas histórias contadas pelos moradores mais antigos desse lugar, sempre há referência desse movimento e, inclusive, muitos achados e acontecimentos de outras épocas são geralmente confundidos com fatos e eventos referentes à revolução cabana.

Performance que também se faz presente no imaginário dos moradores do Mapuá. Em vários lugares, moradores como seu Armando Costa encontraram panelas, pratos, tigelas inteiras, coisas que para D. Nazaré Borges eram dos cabanos. Narra D. Nazaré (2017): *"Como vivam fugindo, sempre deixavam as coisas"*. Esse impacto social da Cabanagem na memória coletiva da população é explicado por Schaan e Marques (2012) pelas marcas de balas e destruição ainda visíveis em diferentes prédios em Belém, fenômeno que repercutiu e tem reflexos na perspectiva desses autores em todas as camadas da população.

Memória e imaginário observado ainda por Cristiane Martins, Wagner Silva e Vera Portal (2010), em mapeamento de sítios arqueológicos no Marajó das Florestas, no decorrer dos anos de 2008-2009, por meio do Inventário realizado por pesquisadores da UFPA, com destaque para os municípios de Breves, Bagre, Portel, Melgaço e Gurupá. Em diálogo com a população local, perceberam que os objetos arqueológicos encontrados são atribuídos aos índios e aos cabanos.

A representação simbólica da memória cabana é verificada também em Ponta de Pedras por Pacheco (2018). Relata o autor que em pesquisa etnográfica realizada em 2016 e 2017 nessa região do Marajó dos campos, deparou-se com um episódio ocorrido no período da Cabanagem que marcou profundamente a vida e o imaginário dos moradores locais. Esse evento se refere ao "[...] esconderijo de São Francisco de Bórgia, santo de origem espanhola, confiado pela poderosa família Malato a uma velha negra escravizada, para tentar livrá-lo do furor iconoclasta e mutilação dos cabanos" (PACHECO, 2018, p. 6)[29].

Conta o historiador que, no imaginário dos moradores, figura que o cuidado da negra com o santo atraiu a ira dos revoltosos, os quais investiram contra o santo com golpes de terçado. Imobilizados pelo poder emergido do santo e da negra, mantiveram em sigilo o esconderijo da escrava. Analisa o autor que a longa duração desse imaginário busca sustentação no "vigor da memória oral e em seus sentidos no universo de crenças e relações dos devotos com o santo" e revela "a força de um dos maiores patrimônios afetivos do lugar" (PACHECO, 2018, p. 6).

A força cabana representada pelo imaginário local mostra que a matriz dessa revolução, como observa Ricci (2006), não caiu no esquecimento. Fato que pode ser visualizado nas pesquisas e nos monumentos erguidos na capital Belém em homenagem à memória cabana, especificamente o Memorial da Cabanagem e a Aldeia Cabana. Os tempos cabanos são ainda rememorados no cotidiano de povos que disputam a garantia de ter acesso e uso do território tradicionalmente ocupado. Aqueles que lutam contra as investidas do agronegócio em defesa da reforma agrária, povos que convivem com a fome, a miséria e tantos outros problemas que lhes negam o direito à vida.

3.2.4 As garrafas de grés e os artefatos da seringa: usos e significados da cultura material entre rios e floresta

Um dos artefatos que podem ser encontrados com facilidade e em quase todas as localidades do Mapuá, sobretudo no alto, são as garrafas de grés colonial chamada pela população local de botija. Em todas as casas que visitei nessa área, encontrei essas garrafas em diferentes tamanhos, inteiras e quebradas. Geralmente, nessas garrafas identificam-se símbolos e o nome de Amsterdã, característica que sugere serem de origem holandesa. Também identificamos exemplares de fabricantes de origem alemã.

---

[29] Narrativa coletada, em 1932, pelo arcebispo de Belém, Dom Antônio de Almeida Lustosa, em visita pastoral na Enseada do Malato (PACHECO, 2018, p. 6).

As garrafas de grés, conforme os estudos arqueológicos, geralmente eram importadas da Holanda e Inglaterra no formato de garrafas, garrafões e botijas, contendo líquidos, alimentos em conserva e tinteiros (SOUZA, 2013). No Mapuá, como ilustrado nas imagens, identificamos que as grés eram de procedência holandesa e alemã. As holandesas foram constatadas a partir da marca de fabricante *"Wynand Fockink Amsterdan"* (Figura 14), a qual, até 1920, pertencia a uma empresa familiar fundada por *Wynand Fockink*, que começou a destilar licores em 1724, passando a ser pública em 1920 (MUNIZ, 2020). As de origem alemã foram identificadas pelo fabricante com selo *"Apollinaris-Brunnen-M-W. Georg Kreuzberg/Ahrweiler Rhein Preussen"* (Figura 15), marca de água mineral que em 1852 foi patenteada por Georg Kreuzberg e Ahrweiler Rhein Preussen da cidade de Bumcach na Alemanha e durante a Primeira Guerra Mundial entrou no mercado dos licores (SCHÁVELZON *et al.*, 2011).

Figura 14 – Selo *Wynand Fockink Amsterdan* de garrafa de Grés encontrada no rio Mapuá

Figura 15 – Selo *"Apollinaris-Brunnen-M-W. Georg Kreuzberg/Ahrweiler Rhein Preussen*, de garrafa de Grés encontrada no rio Mapuá

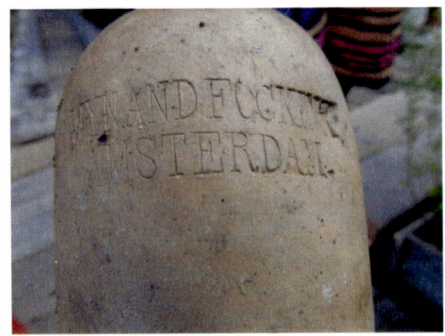

Fonte: a autora, 2017

Fonte: a autora, 2017

Seu Roque Pinto, morador da vila Canaticum, próximo ao lago do Jacaré, relatou que já encontrou essas garrafas perto do município de Curralinho, observando que conseguiu ler a palavra Amsterdã, a qual supõe ser uma cidade do estrangeiro. Ao dizer-lhe que é a capital da Holanda, no mesmo instante, concluiu: *"então quer dizer que veio de lá né [...], ou por encomenda ou por alguma coisa, mas foi extraída de lá"* (PINTO, 2017). A presença das grés indica que provavelmente tais objetos foram comercializados durante a economia gomífera, em hipótese pelos patrões, que segundo as memórias, compravam diferentes produtos da capital Belém e do estrangeiro.

Pelos relatos dos interlocutores, no passado, era comum acharem essas garrafas, em vários lugares do Mapuá e totalmente conservadas. Eram, quase sempre, utilizadas pelas famílias para armazenar líquidos. D. Vitória de Paula mora na localidade Torrão, lembra que no tempo dos patrões essas garrafas eram usadas para vender óleo, banha de porco, querosene. Memória partilhada por seu Antônio Freitas, o qual revelou ter comprado muitas vezes querosene nesse tipo de garrafa, que, segundo ele, se achava bastante pela mata.

No ponto de vista de seu José Paulo da Costa, morador da localidade Torrão, no tempo dos coronéis (primeiros comercializar a borracha nessa região), vendiam-se bebidas nessas garrafas, pois *"[...] os homens pra riscar seringa bebia e lá deixava a garrafa"*. Esse interlocutor lembrou ainda que durante a época da seringa, as grés serviam também como instrumento de comunicação. Os seringueiros *"[...] quebravam essas garrafas pra buzinar pra avisar um ao outro do horário de ir para a estrada"* (COSTA, 2017).

Na atualidade, os depoentes observaram que dificilmente se acha as grés inteiras, o comum tem sido encontrar os cacos e, quando se encontra uma garrafa inteira, serve para as crianças brincarem, as mulheres enfeitarem as casas como se fosse vasos com flores (Figura 16), ou dar de presente a um visitante curioso.

Figura 16 – Grés coloniais utilizadas como ornamento na casa de seu Raimundo Alves, descendente de cearense, vila recanto, Canaticum, alto Mapuá

Fonte: a autora, 2017

Nesse processo, a garrafa de grés é tornada familiar por meio da ressignificação do registro arqueológico, o que demonstra como as coisas constroem sua biografia. Além disso, também indica como o passado é atualizado no presente (BEZERRA, 2011; MILLER, 2013). Os diferentes usos mostram que o artefato agrega significados ao longo dos tempos, ou seja, passa por processos que o transformam em coisa de outra natureza, desempenhando papéis diferentes do qual foi criado, assumindo, desse modo, a função agenciadora da vida social (APPADURAI, 2008; VELTHEM, 2007).

As garrafas, como sugere, testemunham a presença holandesa e, também, alemã na Amazônia, que como mencionado, pode ser explicado a partir do intercâmbio comercial e, por conseguinte, a circulação da materialidade. Em relação à presença holandesa, cabe pontuar que por meio da Companhia das Índias Ocidentais (*West Indische Compagnie*), holandeses organizaram uma poderosa rede comercial na Costa da Guiana (GUZMÁN; HULSMAN, 2016), o que explica a presença das grés. Registra-se que, de 1585 a 1650, os holandeses, representando os Países Baixos, construíram postos de comércio e fortalezas em praticamente toda área litorânea entre o delta do rio Orinoco e do rio Amazonas. Foram três fortes: o de Nassau e Orange, no rio Xingu, e o forte de Gurupá, no Marajó. Os holandeses ocuparam ainda Pernambuco e Bahia.

Esses exploradores europeus, assim como os ingleses, estabeleceram trocas comerciais de artigos manufaturados por produtos nativos com diversas sociedades indígenas, entre elas as nações Nheengaíba, na foz do Amazonas. A comercialização com os Nheengaíba, conforme Braga (1919), deu-se em razão da vizinhança dos portos com o Cabo Norte, onde residiam os holandeses. Essa relação entre holandeses e Nheengaíba foi vista como temerosa aos interesses portugueses na Amazônia, em especial a partir da união ibérica (1580-1640), quando os interesses desses europeus pela Amazônia mudaram, isto é, passaram a demarcar e expandir o território.

Para ter o controle total desse território, procuraram expulsar os demais grupos europeus, o que se desdobrou em conflito com ingleses, irlandeses, franceses e holandeses, e, também, com os Nheengaíba[30], os quais,

---

[30] Na virada do século XVII, os portugueses se aventuraram pelos mares, rios e águas da imensa Amazônia marajoara para escravizar os índios e dominar seu território, considerado importante para suas pretensões comerciais. Investida que foi duramente combatida pelos indígenas de Marajó. Pacheco (2009, p. 84) assegura que esses povos, "situados em diferentes pontos geográficos da Grande Ilha de Joanes [...], lutaram em defesa de seus territórios, modos de ser e viver". Conhecedores dos segredos da água, da mata e da floresta e autênticos guardiões do imenso vale e labirinto verde, marajoara, situados à margem dos rios e igarapés, os indígenas colocaram-se como verdadeiros sentinelas e defenderam-se com bravura, ousadia e astúcia para não serem

conforme a historiografia, foram vencidos pela arma da palavra sagrada, sob a condução de Padre Antônio Vieira. Contra as incursões dos demais europeus, a estratégia portuguesa trilhou pela construção de fortificações, com destaque para o Forte Presépio de Santa Maria (núcleo inicial da cidade de Belém), construído em 1616, em ponto estratégico, permitindo-lhes o domínio sobre o vale verde e suas rotas, de modo a afastar toda e qualquer ameaça (PACHECO, 2009; COSTA, 2017).

A leitura dos documentos traduzidos por Guzmán e Hulsman (2016) permite observar que os holandeses resistiram bastante às ofensivas portu-guesas, iniciadas em 1668. Nesses documentos, fica claro que o rio Amazonas era o principal objeto de cobiça holandesa. Para isso, a aliança e a confiança dos indígenas eram vistas como vantajosas tanto para o escambo comercial quanto para o domínio do território. A dominação, tal como efetivada pelos portugueses, era das terras, do rio e dos indígenas, como é possível supor com a leitura do trecho em destaque:

> Devo dizer-lhes com meu razoável conhecimento [,] que o rio Amazonas é o lugar mais fértil e populoso de todo o Brasil e das Índias Ocidentais, [...]. Também não há terra melhor para engenhos de açúcar, tabaco, algodão, gengibre, arroz, pelo tamanho e qualidade da terra e[,] principalmente[,] pela comodidade dos índios[,] que não faltam como escravos [,] e índios livres para fazer as plantações nos engenhos[,] e também para cultivar o suficiente para o nosso povo e os índios[,] como também, da mesma forma que foi dito antes, pode ser enviada para Pernambuco uma grande quantidade de mantimento para a guarnição [...]. O rio do Amazonas poderia ser vosso armazém e é muito próprio para isso, não só por separar o Brasil e as Índias Ocidentais, mas por ter uma abundância de víveres e por ter portos muito bons [...]. (GUZMÁN; HULSMAN, 2016, p. 69/71)[31].

---

capturados (PACHECO, 2009). Utilizando-se de estratégias e táticas de guerras e esconderijos, armaram-se contra as balas e atacaram o invasor com suas flechas de pontas envenenadas, as quais brotavam de todas as direções deste arquipélago. Ocupando todo o território em suas ligeiras canoinhas, sumiam no meio da mata da mesma forma que apareciam para contra-atacar ostensivamente as investidas portuguesas. Um conflito que perdurou por mais de duas décadas, e, como observa Pacheco (2009), demonstra a dificuldade da conquista do território amazônico pelos colonizadores e a resistência dos nativos frente à violência portuguesa.

[31] Trecho da carta do holandês Jacob van den Keere traduzido por Délcio de Alencar Guzmán e Lodewijk A. H. C. Hulsman, na obra *Holandeses na Amazônia (1620-1650): documentos inéditos*, publicado em 2016 pela Imprensa Oficial do Estado do Pará.

Os documentos também revelam os tipos de mercadorias comercializadas pelos holandeses, porém não identifiquei, nas listas, menção as grés. Contudo, como ressaltam os autores, são documentos que revelam apenas fragmentos da memória holandesa na Amazônia. Outras fontes precisam ser consideradas, como as próprias garrafas que identifiquei. É oportuno observar que, embora a presença holandesa na região seja bastante evidente, os registros historiográficos a respeito são inexpressivos. Em relação ao Marajó, essa carência é maior ainda, pois não encontrei nenhum trabalho que aborde tal temática. Um estudo mais detalhado e demorado acerca desses registros precisa ser feito para identificar como e quando essas garrafas chegaram ao Mapuá, e, assim, obter mais elementos que ajudem a narrar de forma mais clara a ocupação dessa região e das redes de sociabilidades efetivadas após a vinda dos europeus.

Para o momento, a sugestão é que as grés podem ter sido comercializadas no Mapuá pelos Nheengaíba, que, como indicado, estabeleceram um forte escambo comercial com os holandeses. Como o alto Mapuá faz fronteiras com Anajás, Curralinho e São Sebastião da Boa Vista, essas garrafas podem ter entrado no Mapuá por uma dessas fronteiras. Outra opção é que as grés holandesas e alemãs podem ter sido importadas como uma das iguarias dos coronéis da borracha. Observa-se que as grés coloniais são produtos de cerâmica (tipo de argila) de alta qualidade, de tradição dos países do Norte e do Centro da Europa. Começou a ser produzido na segunda metade do século XVI, mas só passou a ser comercializado em larga escala um século depois (segunda metade do século XVII).

No Brasil, as grés foram importadas da Inglaterra ou Holanda e apresentam formas de garrafas, garrafões e botijas utilizados para armazenar líquidos, alimentos em conserva e como tinteiros (SOUZA, 2013). Além das grés, que, como narrado, desempenharam diferentes funções no período de economia gomífera, outros artefatos eram também indispensáveis no trabalho com a extração do leite da seringa, muitos dos quais foram confeccionados pelos próprios seringueiros, como os cabos das facas de sangria, tigelas de barro, baldes de latão e a poronga, que formavam o kit seringa.

Seu Pedro Gonçalves (2017) relatou que construía uma parte de seu kit seringa e a outra comprava do patrão, tendência seguida pelos demais interlocutores. Cada ex-seringueiro e ex-seringueira com quem conversei guarda parte de seu kit ou o kit todo, como é o caso de seu Pedro, seu Antônio Freitas, D. Irene Lobato, D. Vitória de Paula. Seu Orlando Miranda também guarda, mas, no caso desse interlocutor, os artefatos (Figuras 17 e 18) de seringa foram obtidos com terceiros.

Figura 17 – Faca confeccionada pelo seringueiro para ser usada no corte de seringa

Figura 18 – Tigela feita de barro para usar na coleta do leite da seringa

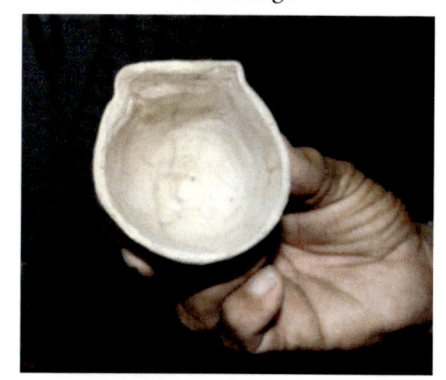

Fonte: Diogo Costa, 2015

Fonte: a autora, 2017

A faca de sangria e a tigela de barro em destaque nas figuras, além de retratar as condições materiais dispensadas aos seringueiros, revelam, sobremaneira, aspectos da capacidade criativa e inventiva desse coletivo para lidar com as situações adversas impostas pela exploração do capitalismo na Amazônia naquele momento. Também indicam a elaboração de técnicas e de uma materialidade que reflete o uso de práticas contrárias àquelas predatórias com uso de machado.

O aumento da produção e do lucro do comércio gomífero no contexto mundial, conforme Muniz (2020), incentivou o uso de modelos de faca e de "boas práticas" para cultivar e coletar o látex, "bem como o desenvolvimento de pesquisas para fomento da indústria para manter as seringueiras cada vez mais saudáveis e produtivas" (MUNIZ 2020, p. 276). Essas novas técnicas e tecnologias, aos poucos, chegaram aos seringais amazônicos, como os seringais do Mapuá, promovendo a substituição do machado por facas. Faz parte desse quadro o desenvolvimento de diferentes materiais, saberes e práticas, como o corte do tipo "rabo-de-peixe", que se tornou o "método mais utilizado na Amazônia" (MUNIZ, 2020, p. 277) para sangrar as seringueiras e produzir o látex.

O látex produzido no Mapuá era armazenado e transportado em baldes feitos "[...] quase sempre de latas grandes de querosene" (ANTÔNIO FREITAS, 2017), que permitia aos seringueiros coletar uma quantidade maior de leite. No percurso da coleta, chamada de estrada, recorria-se a poronga, espécie de luminária feita com lata para iluminar a estrada na madrugada, quando se iniciava o corte da seringa (Figura 19).

Figura 19 – Balde, faca e poronga usada no corte da seringa

Fonte: a autora, 2017

As coisas dessa imagem (Figura 19) pertencem ao seu Pedro Gonçalves, que quando cortava seringa, na madrugada colocava a poronga na cabeça, pegava a faca, as tigelas e o balde e ia trabalhar. Por volta das 9 horas, voltava com o balde cheio de leite e ia defumar produzindo as peças de borracha. Seu Pedro comentou que mesmo com as dificuldades impostas pelo patrão, o cansaço, a escassez das coisas, gostava de seu trabalho e tem saudades daquele tempo. Guarda essas coisas com muito cuidado e saudosismo. São coisas que fazem parte da biografia e da memória desse interlocutor, assim como ele também integra a biografia e a memória desses artefatos.

O forno em cobre é outro artefato que compõe o cenário dessa época. Esse objeto era utilizado pelos patrões na produção do açúcar moreno (tipo de produção caseira para o consumo e comercialização). Com o término de tal produção, os fornos passaram a ser utilizados na feitura da farinha pelos familiares dos patrões ou um freguês-compadre escolhido pelo patrão para receber a dádiva. Foi o que aconteceu com o sogro de D. Vitória, o qual, segundo essa interlocutora, ganhou o forno de Antônio Joaquim Nascimento. O forno que pertenceu ao português Joaquim Horta, de acordo com seu Jorge Miranda, foi reutilizado por vários anos por seus descendentes como o principal artefato para torrar a farinha. Atualmente, encontra-se abandonado e encostado no meio do mato próximo à casa de um dos netos de D. Irene Horta.

Figura 20 – Forno em cobre que pertenceu ao português Joaquim Nunes Hortas

Fonte: a autora, 2017

É possível levantar ao menos duas observações que o episódio sugere. Uma trata dos aspectos da conexão estabelecida pelos Horta com a memória material de seu ancestral europeu, que, em todo caso, revela os pressupostos de uma questão cultural. Por outro lado, indica que a relação com a materialidade do passado e com as coisas estão pautadas, em parte, no valor do uso social do artefato, que pode ser associado, na acepção de Arjun Appadurai (2008), à fase mercadoria da coisa arqueológica. Para esse autor, as coisas possuem significados que se encontram "inscritos em suas formas, seus usos, suas trajetórias", conforme os padrões culturais operados pela sociedade (APPADURAI, 2008, p. 17).

Além dos fornos, tem ainda vários ferros que se encontram espalhado pelo chão no meio do mato na localidade São Gabriel, que, segundo as memórias de seu Joaquim Nascimento, pertenceu ao avô, Antônio Joaquim, e era para ser uma caldeira, mas não chegou a funcionar. As memórias do período da borracha compreendem, também, um poço, em destaque na Figura 21, que, segundo o imaginário local, foi construído por José Nobre, seringalista que usava de violência para controlar e explorar os seringueiros.

Esse poço chamado de "poço do nobre" pelos moradores era, de acordo com as lembranças dos interlocutores, todo tecido de tijolo, os quais foram retirados pelas famílias dessa localidade para fazerem seus fogões à lenha.

No imaginário local prevalece a tese de que nesse poço deve ter ouro, mas, até o momento não conseguiram achar nada, fato atribuído à profundidade dele. Seu João Gerônimo, morador mais antigo dessa localidade, em conversa comigo, contou-me que alguns moradores já meteram árvores inteira de açaí e não alcançaram ao fundo do poço, daí sugerirem ser bastante profundo. A filha desse senhor que mora próximo ao poço comentou que tem pretensão de verificar o que tem nele. Pelo que percebi, acredita que tem ouro e que algum momento vai conseguir retirar.

Figura 21 – "Poço do Nobre", localidade dos remédios, rio Mapuá

Fonte: a autora, 2017

Integram esses registros arqueológicos os casarões, como já mencionado, e imagens de santo. Aliás, as imagens de santos compõem um acervo bem amplo. Cada família tem um conjunto de imagens de santos em suas casas, de diferentes épocas, que caracterizo como artefatos da fé e resultam da influência do catolicismo na região. A cultura material exposta aqui, embora na contramão da tradicional cerâmica marajoara, também carrega códigos, símbolos, sentidos e significados que explicam fatos e acontecimentos de diferentes gerações. São importantes fontes de informação, que indicam não só como as pessoas foram exploradas, mas como ocuparam os espaços, coexistem e coabitam com o ambiente. É uma cultura que narra como os moradores percebem o ambiente e se apropriam do lugar, da história e do passado em um intenso processo dialético de construção, integração e fruição.

Quero sinalizar, com isso, que esses artefatos estão em permanente conexão com os modos de vida local, permitindo compreender as relações sociais e as transformações efetivadas na sociedade. São coisas que exercem uma função de mediação entre os moradores, o lugar, o tempo, a história e a memória. Conforme argumentam Gonçalves, Guimarães e Bitar (2013, p. 8):

> Enquanto portador de uma 'alma', de um 'espirito', as coisas não existem isoladamente, como se fossem entidades autônomas; elas existem efetivamente como parte de uma vasta e complexa rede de relações sociais e cósmicas, nas quais desempenham funções mediadoras fundamentais entre natureza e cultura, deuses e seres humanos, mortos e vivos, passado e presente, cosmos e sociedade, corpo e alma, etc.

As coisas arqueológicas no/do Mapuá são símbolos, signos que para os moradores têm várias feições e significados, e, de acordo com cada tempo histórico, assumem uma representatividade. Nesse processo, percebo que os artefatos da seringa têm uma maior conexão e influenciam de forma incisiva na memória dos interlocutores. Isso porque são artefatos que ajudam a escrever e a narrar parte da biografia desse grupo e do território. De acordo com Costa (2010, p. 30), "os artefatos são informações por si, e cada vestígio da cultura material tem um valor incalculável como uma cápsula espaço-temporal sobre as sociedades", que cabe à pesquisa arqueológica desvendar.

Lembra Funari (2015, p. 18) que "a especificidade da arqueologia consiste em tratar, particularmente, da cultura material, das coisas, de tudo que, em termos materiais, se refere à vida humana, no passado e no presente". Na particularidade das coisas em foco aqui, a Arqueologia permitiu conhecer que o Mapuá foi palco das vivências dos mais diferentes e variados grupos sociais, étnicos, de gênero e geração, que inclui indígenas, portugueses, nordestinos e outros. A arqueologia contribuiu, dessa forma, para caracterizar esse tipo de cultura no Mapuá como importante mediador das relações das pessoas entre si, com o mundo e com a própria materialidade. Trata-se de uma cultura resultante de temporalidades distintas, cada uma implicando uma história e memória particular.

É uma materialidade que atravessa a história e ao modo de vida dos moradores, por isso, desempenha o papel de memórias do lugar ao mesmo tempo em que possui uma memória entrelaçada ao lugar e às pessoas. Na prática, tudo isso são fenômenos do presente, entrelaçados nas memórias, histórias de vida, interesses e necessidades do grupo. Passado e presente são, nesse sentido, fenômenos integrados, em que o passado é o elemento do presente, operado de acordo com os jogos de interesses em disputa.

CONSIDERAÇÕES FINAIS: PAUSA NA ESCAVAÇÃO!

De barco, lancha e rabetas singrando pelas águas escuras e pretas de rios, braços e furos do Mapuá, com o objetivo de conhecer como os moradores lidam e se relacionam com a cultura material (do passado e presente) e o meio ambiente amazônico, ouvi vozes, escavei memórias, descobri histórias de homens e mulheres que, cotidianamente, forjam seus modos de vida, trabalho e espiritualidade em sintonia com os segredos de rios e floretas.

Nesse experimento etnográfico entre as descobertas, o medo e a curiosidade, construí a ideia de que a etnografia é a arte do aprender a conviver e partilhar com o outro, de viver sempre em fronteira, e em contato num intenso e articulado processo do agir, observar, escutar, dialogar e escrever (OLIVEIRA, 1996). É como argumenta Lévi-Strauss (1957, p. 53), a etnografia "é uma das raras vocações autênticas, que podemos descobri-la dentro de nós mesmos sem nunca termos aprendido".

Na Arqueologia, a etnografia, conforme propõe Castañeda (2007), pode seguir três perspectivas distintas: a) como Etnografia Arqueológica, cuja etnografia é entendida como método da Arqueologia usada para estudar o passado arqueológico; b) como Antropologia da Arqueologia, em que a Arqueologia é tida como etnografia e estudada como um fenômeno social contemporâneo; e c) como Arqueologia Etnográfica, cuja Arqueologia assume a função de sujeito da etnografia. Isso significa que os métodos etnográficos são incorporados ao fazer arqueológico para estudar tanto o passado quanto os contextos sociais do/no presente.

Assumindo essa última perspectiva em vista de apreender o passado e o presente realizei esta etnografia pautada no engajamento crítico, reflexivo e ético junto às comunidades pesquisadas. O engajamento do/a pesquisador/a no cotidiano do universo pesquisado para a abordagem da Arqueologia Pós-processual se constitui ferramenta importante no entendimento da relação que as pessoas estabelecem com o fenômeno estudado. Isso me exigiu atentar não só para o tempo, mas, também, para o espaço, desencadeando em uma arqueologia do lugar, orquestrada pelas memórias narradas sobre as histórias das vilas e comunidades no Mapuá. As narrativas aliadas às observações etnográficas indicam que a ocupação no Mapuá formou diferentes paisagens, modificadas conforme as relações estabelecidas com o regime da água e os enigmas da floresta. Tais ocupações ao longo dos anos têm provocado mudanças na paisagem, a qual é afetada significativamente pela forma como as pessoas se relacionam entre si, com a materialidade e os ambientes locais.

Os resultados obtidos revelam que as edificações e as vilas mais antigas ocupam lugar estratégico e configuram-se como centros de poder, erguidos pelos coronéis e patrões da borracha no fim do século XIX e início do XX. Atualmente, com exceção da vila Amélia, esses centros são ocupados por parentes ou familiares dos ex-patrões. Além das vilas, encontrei um enredo histórico regado a conflitos, violência, medo e resistência, bem como diferentes artefatos e ocorrências arqueológicas que indicam uma ocupação hierarquizada e influenciada pela religião, cosmologias e cosmovisões locais.

A materialidade mapeada revela como os espaços e as paisagens foram praticadas (DE CERTAU, 1998), e nesse processo uma nítida separação entre dominantes e subordinados. A elite local representada pelos seringalistas ocupava os espaços estratégicos e as porções de terra firme, enquanto os seringueiros ocupavam os lugares alagadiços e distantes do leito do principal rio. A exceção nessa lógica é a vila Santa Rita, no passado, Porto Cumaru, construído sobre área de várzea, mas situada na desembocadura dos rios Cumaru e Cumaruzinho, visto como lugar estratégico para o patrão manter o controle e a vigilância sobre o rio e os sujeitos.

Outro aspecto a considerar nessa dinâmica ocupacional diz respeito à dinâmica sazonal, que, assim como no passado, na atualidade implica a espacialização do Mapuá. A morfologia sazonal influencia na forma como os coletivos organizam suas moradias e praticam os espaços em cada estação (inverno e verão amazônico). Percebi que, dentro desse quadro, a relação das famílias com a flora e a fauna se baseia em uma ontologia relacional, cuja natureza determina e, ao mesmo tempo, é determinada pela ação do homem, envolvendo vínculos históricos e um modo de vida peculiar materializado em um diálogo simétrico com a dinâmica ambiental (LATOUR, 2009; MAUSS, 2017). O manejo da natureza desenvolvido pelos moradores reflete no processo de construção identitárias do grupo, das comunidades e da territorialidade local (LATOUR, 2009; LITLLE, 2002).

Os resultados demonstram, de igual modo, que o trabalho e a religiosidade são fatores que têm forte interferência na forma como o espaço é praticado e socializado. A religiosidade é a voz que atravessa as demais dimensões, e nessa dinâmica cosmológica, elementos da tradição indígena e do catolicismo são mediados por poderosos artefatos da cultura material, com destaque para a Cruz Milagrosa, as imagens de santo e as diferentes oferendas.

Embalados pela tradição oral, no acontecer das relações humanas e não humanas cotidianamente, os moradores do Mapuá utilizam um conjunto de "coisas", a maioria produzia com recursos retirados da floresta. Assinala-se que essas "coisas" não desempenham apenas uma função utilitária ou são suportes identitários, mas caracterizam-se como mediadores da vida social (APPADURAI, 2008).

Com as reflexões levantadas, é possível considerar que o modo de vida dos moradores do rio Mapuá é configurado pela dinâmica cosmológica, ambiental e material. Isto é, uma dinâmica marcada pelas práticas cotidianamente produzidas e enraizadas com a especificidade da várzea, o ritmo da maré, o movimento das águas, os saberes e tradições culturalmente herdados e constantemente ressignificados pelos laços de parentesco, vizinhança e compadrio. Ao longo dos tempos as famílias vêm fazendo diferentes usos, apropriações do espaço, das práticas tradicionais, atribuindo-lhes outros sentidos e significados numa intensa relação temporal e espacial em que passado e presente apresentam-se intensamente conectados (HOLTORF, 2007).

De uma relação de longa duração com o lugar, o ambiente e a riqueza natural, a cultura material tem sido produzida da mesma forma que produzem memórias, histórias e identificações culturais (HALL, 2011). Como resultado desse processo, a pesquisa mapeou um conjunto de materialidade percebida e representada pelos moradores como produto do saber construído pelas gerações, bem como suporte e lugares de memória, ao mesmo tempo em que possuem uma memória. São vestígios que compreendem pelo menos duas ancestralidades (uma milenar e outra secular) e narram à luz da memória vivida e aprendida um poder e saber-local que foi erigido sob designíos do colonialismo e de lógicas e perspectivas locais.

A ancestralidade milenar corresponde aos indígenas, em especial, a nação Mapuá, que não é reconhecida pela maioria dos/as interlocutores/as em suas narrativas, negação que atribuímos à força e poder do colonialismo e colonialidade atualizadas na região. Mas, também, é reflexo do não diálogo da Arqueologia, aliás, da pesquisa arqueológica, com a comunidade não científica no Marajó. A longa trajetória da pesquisa arqueológica, iniciada por pesquisadores norte-americanos e europeus, resultou em um importante acervo sobre os povos indígenas, que até então é desconhecido por uma grande parcela da sociedade. Daí dizer que a Arqueologia compartilha da responsabilidade pela negação da memória indígena, fenômeno que pode ser driblado com a efetivação de uma arqueologia socializada, como propõe-se na vertente pós-processual e neste estudo.

Embora a negação da memória e da ancestralidade indígena seja uma realidade entre os habitantes do Mapuá, ficou claro com esta pesquisa que a cultura e a identidade dessas nações podem ser evidenciadas nas práticas e tradições cultivadas cotidianamente pelos ribeirinhos, elementos que ajudam indicar e justificar tal ancestralidade. Para Azevedo Netto (2008), a ancestralidade pode inclusive ocorrer pela partilha do espaço, que, aqui, pode ser evidenciada na ocupação do sítio arqueológico de cemitério indígena Amélia por diferentes gerações.

Diferentemente da herança indígena, as famílias, em sua maioria, reconhecem a ancestralidade portuguesa e nordestina até como elemento de prestígio social, sobretudo a ancestralidade portuguesa. Para a família Horta, descendente do português Joaquim Nunes Horta, o sobrenome herdado representa a eles privilégio e status sociais. Em relação aos nordestinos, destaca-se a fama de gente "braba" e valente que enfrentaram os perigos da floresta e forjaram sua relação com o meio ambiente amazônico. Essa valentia e a capacidade de lidar com a dinâmica da água e floresta, na compreensão dos/as interlocutores/as, sedimentou a luta dos moradores para libertarem o território tradicionalmente ocupado das amarras dos patrões.

Em nossa leitura, a negação da identidade e cultura indígena e a valorização da herança portuguesa são reflexos do perverso e predatório processo civilizatório moderno-colonial (MIGNOLO, 2010) que transforma a natureza e seu povo em objetos mercadejáveis. Todavia, embora a invasão colonial e seus efeitos perversos, a cultura material e as memórias escavadas levaram-me a construir a ideia de que o rio e região do Mapuá é um território social e culturalmente transformado pelas diferentes gerações na relação com o meio ambiente por meio do trabalho, cosmologias e cosmovisões.

Em outras palavras, o Mapuá é um território com múltiplos significados, carregado de histórias, memórias, simbologias, saberes e poderes costurados no passado e ressignificados pelas famílias, como um grupo social no presente. Os lugares ao serem cotidianamente praticados por esse coletivo são por ele percebidos e interpretados como espaços de sociabilidades que aliam as dimensões do sagrado e do profano. É possível dizer que cotidianamente esses agentes em seus locais de labuta e pertencimento recriam caminhos e táticas para dar sentidos e significados ao seu existir humano, orientado por visões do mundo e perspectivas de vida e trabalho, não desconectados de tradições ancestrais, em especial a indígena. Vive-se um intenso e constante processo de ressignificação do passado no presente, seja em um sítio arqueológico ou não, como mostramos com este estudo de caso.

Cabe ainda dizer que o território não se reduz à floresta, várzea, lagos, mas que compreende histórias, memórias construídas por homens e mulheres, sujeitos/as e guardiões/ães de sua própria história e trajetória em seus respectivos espaço-tempos silenciados, emudecidos pela ciência positiva. Daí que tornar "visível" a história desses homens e mulheres, suas vozes, seu modo de vida, cosmologias é apenas uma maneira possível de praticar a insurgência, a resistência ao projeto de sociedade patriarcal-moderno-colonial (MIGNOLO, 2010). Como observa Pacheco (2009, p. 62), um mergulho no universo desses povos, "em seus modos de vida e relações socioculturais, ajuda a desvendar astúcia para lidar com a geografia dos rios, dos ventos e sua ação nos abrolhos de solos assoreados, construindo específicas experiências históricas".

Na construção da qual fala Pacheco (2009), destacam-se os artefatos, testemunho do conjunto de vida no Mapuá, da luta entre patrões e famílias ribeirinhas e, sobretudo, da relação com o meio ambiente amazônico. Condição que permite mostrar a capacidade dos povos da Amazônia marajoara em criar estratégias inteligíveis para construir seu modo de viver e (re)existir sintonizados com a dinâmica e segredos do rio e floresta, o sistema de parentesco e os elementos religiosos, mitológicos e cosmológicos. Perspectiva que nos moldes do pensamento moderno cartesiano é ignorada e homogeneizada por meio de conceitos, concepções, teorias e discursos uniformizantes. Por isso assegurar que esse pensamento é insuficiente para compreender a diversidade de lógicas que circundam a vida, os saberes, as tradições e práticas socioculturais dos moradores do Mapuá.

Guida pelo leme da Arqueologia Etnográfica, História Oral e Arqueologia Pós-Processual, ferramentas as quais lancei mãos neste empreendimento, encerro temporariamente essa escavação, entendendo ser a cultura material elemento agenciador das relações das pessoas entre si, com a memória, o mundo físico e simbólico no Mapuá. Trata-se de uma cultura que não se restringe às tradicionais cerâmicas e tampouco somente às coisas do passado. Inclui saberes, práticas transmitidas pela tradição oral, memórias, histórias e a produção material no/do presente e usado de várias formas na vida cotidiana. Daí compreender a materialidade como potencial fonte para rever trajetórias, recompor histórias e memórias silenciadas. Encerro aqui, mas ciente que outras escavações precisam ser feitas para quem sabe chegarmos às camadas estratigráficas mais profundas, capazes de revelar os silêncios escondidos nos sótãos da memória e romper com a linearidade e uniformização do pensamento moderno-colonial.

REFERÊNCIAS

ALENCAR, E. F. Paisagens da memória: narrativa oral, paisagem e memória social no processo de construção da identidade. *Teoria & Pesquisa*, São Carlos, v. XVI, n. 02, p. 95-110, 2007.

ALMEIDA, A. W. B. de. Terras Tradicionalmente ocupadas: processos de territorialização e movimentos sociais. *Estudos Urbanos e Regionais*, Brasília, v. 6, n. 1, p. 9-32, 2004.

ALMEIDA, A. W. B. de. *Terras de quilombos, terras indígenas, "babaçuais livre", "castanhais do povo", "faxinais e fundos de pasto*: Terras tradicionalmente ocupadas. 2. ed. Manaus: PGSCA – UFAM, 2008.

APPADURAI, A. Introdução: mercadorias e a política de valor. *In:* APPADURAI, A. (org.). *A vida social das coisas*: as mercadorias sob uma perspectiva cultural. Niterói: Editora da Universidade Federal Fluminense, 2008. p. 15-87.

ARAÚJO, L. M. de. *Representações marajoaras em relatos de viajantes: Natureza, Etnicidade e Modos de Vida no Século XIX.* 2017. Dissertação (Mestrado em Antropologia) – Programa de Pós-graduação em Antropologia, Universidade Federal do Pará, Belém, 2017.

AYOUB, M. L. Arqueologia da memória estudos e teorias para um novo rumo da compreensão dos artefatos. *Revista Territórios & Fronteiras*, Cuiabá, v. 9, n. 2, p. 257-273, 2016. Disponível em: https://periodicoscientificos.ufmt.br/territoriosefronteiras/index.php/v03n02/article/view/426. Acesso em: 20 dez. 2016.

AZEVEDO NETTO, C. X. de. Preservação do patrimônio arqueológico – reflexões através do registro e transferência da informação. *Ciência da Informação*, Ribeirão Preto, v. 37, n. 3, p. 7-17, 2008.

BACHELARD, G. *A poética do espaço*. 2. ed. São Paulo: Martins Fontes, 2008.

BACHELARD, G. *A água e os sonhos*: ensaio sobre a imaginação da matéria. 2. ed. São Paulo: Editora WMF Martins, 2013.

BARTH, F. *O guru, o iniciador e outras variações antropológicas*. Rio de Janeiro: Contra C'P' Livraria, 2000. p. 107-139.

BARRETO, C. N. G. de B. *Meios místicos de produção social:* arte e estilo na cerâmica funerária da Amazônia Antiga. 2008. Tese (Doutorado em Antropologia) – Programa de Pós-graduação em Arqueologia do Museu de Etnologia e Arqueologia da Universidade de São Paulo, 2008.

BARRIGA, L. P. *Entre leis e baionetas*: independência e cabanagem no médio Amazonas (1808-1840). 2014. Dissertação (Mestrado em História) – Programa de Pós-graduação em História Social da Amazônia, Universidade Federal do Pará, Belém, 2014.

BEZERRA, M. "As moedas dos índios": um estudo de caso sobre os significados do patrimônio arqueológico para os moradores da Vila de Joanes, ilha de Marajó, Brasil. *Bol. Mus. Para. Emílio Goeldi. Cienc. Hum.* Belém, v. 6, n. 1, p. 57-70, 2011.

BEZERRA, M. Os sentidos contemporâneos das coisas do passado: reflexões a partir da Amazônia. *Revista de Arqueologia Pública.* Campinas, n. 7, p. 107-122, 2013.

BONI, P. C.; MORESCHI, B. M. Fotoetnografia: a importância da fotografia para o resgate etnográfico. *Doc On-line*, n. 3, p. 137-157, 2007.

BOSI, E. *Memória e Sociedade*: lembrança de velhos. 7. ed. São Paulo: Companhia das Letras, 1999.

BOURDIEU, P. *O poder simbólico*. Rio de Janeiro: Editora Bertrand Brasil S.A., 1989.

BRASIL. Instituto Chico Mendes de Conservação da Biodiversidade (ICMBio). *Plano de Manejo Participativo da Reserva Extrativista Mapuá – Fase I.* Breves (PA), 2007.

BRAGA, T. *O município de Breves – 1738 a 1910*. Belém: Impressos pela Empreza Graphica Amazônia, 1919.

BRAUDEL, F. O *Mediterrâneo e o mundo mediterrâneo na época de Felipe II.* São Paulo: Editora da USP, 2016. v. 1.

BRAUDEL, F. O *Mediterrâneo e o mundo mediterrâneo na época de Felipe II.* São Paulo: Editora da USP, 2016. v. 2.

CARDOSO DE OLIVEIRA, R. *O Trabalho do Antropólogo.* Brasília: Paralelo 15; São Paulo: Editora UNESP, 1998.

CASTAÑEDA, Q. E. The "Ethnographic Turn" in Archaeology: Research Positioning and Reflexivity in Ethnographic Archaeologies. *In:* CASTAÑEDA, Q. E.; MATTHEWS, C. N. (ed.). *Ethnographic Archaeologies*: reflections on stakeholders and archaeological practices. Plymouth: Altamira Press, 2007. p. 25-61. Disponível em: http://www.oseacite.org/class/quetzil/QC2008_Ethnographic_Turn_Galleys. pdf. Acesso em: 25 out. 2022.

COSTA, D. M. Arqueologias históricas: um panorama espacial e temporal. *Revista Latino-Americana de Arqueologia Histórica*, Belo Horizonte, v. 4, n. 2, p. 9-38, 2010. Disponível em: https://periodicos.ufmg.br/index.php/vestigios/article/view/11892. Acesso em: 25 abr. 2022.

COSTA, D. M. Lembrando e Esquecendo as Lavras do Abade: Memórias de um Sítio Arqueológico Histórico. *Teoria & Sociedade*, Número Especial: Antropologias e Arqueologias, hoje, p. 285-306, 2014.

COSTA, D. M. Arqueologia histórica Amazônida: entre sínteses e perspectivas. *Revista de Arqueologia*, [S. l.], v. 30, n. 1, p. 154-174, 2017.

COSTA, E. M. "Os artefatos" dos ribeirinhos do Mapuá, Marajó, PA, Brasil. *Revista Habitus*, Goiânia, v. 15, n. 2, p. 343-363, 2017.

CRAPANZANO, V. Horizontes imaginativos e o aquém e além. *Revista de Antropologia*, São Paulo, v. 48, n. 1, p. 363-384, 2005.

DE CERTAU, M. *A invenção do cotidiano*: artes de fazer. 3. ed. Petrópolis: Vozes, 1998.

DELGADO. L. de A. N. *A história oral*: memória, tempo, identidades. 2. ed. Belo Horizonte: Autêntica, 2010.

FUTEMMA, C. Uso e acesso aos recursos florestais: os caboclos do Baixo-Aamazonas e seus atributos socioculturais. *In*: ADAMS, C.; MURRIETA, R.; NEVES, W. (org.). *Sociedades caboclas amazônicas*: modernidade e invisibilidade. São Paulo: Annablume, 2006, p. 237-260.

FUNARI, P. P. *Arqueologia*. 3. ed. São Paulo: Contexto, 2015.

GALLO, G. *Marajó*: a ditadura das águas. Belém: Secretaria de Estado, Cultura, Desporto e Turismo, 1980.

GALVÃO, E. *Santos e visagens*: um estudo da vida religiosa de Itá, Amazonas. Brasiliana eletrônica, 1955.

GARCIA, J. M. *Crônicas d'O lugar dos Breves*: relembranças de um pioneiro do Banco do Brasil. Belém: Gráfica da Escola Salesiana do Trabalho, 1996.

GARCIA, L.; COSTA, J. A.; KERN, D. C.; FRAZÃO, F. J. L. Caracterização de solos com terra preta: estudo de caso em um sítio Tupi-Guarani pré-colonial da Amazônia Oriental. *Revista de Arqueologia*, [S. l.], v. 28, n. 1, p. 52-81, 2015.

GEERTZ, C. *O Saber Local*: novos ensaios em antropologia interpretativa. Petrópolis: Vozes, 1997.

GNECCO, C. "Escavando" arqueologias alternativas. *Revista de Arqueologia*, [S. l.], v. 25, n. 2, p. 8-22, 2012.

GONÇALVES, J. R. S.; GUIMARÃES, R. S.; BITAR, N. P. A apresentação. *In:* GONÇALVES, J. R. S; GUIMARÃES, R. S.; BITAR, N. P. (org.). *A alma das coisas*: patrimônios, materialidade e ressonância. Rio de Janeiro: Mauad X; Faperj, 2013. p. 7-18.

GUZMÁN, D. de A; HULSMAN, L. A. H. C. *Holandeses na Amazônia (1620-1650)*: documentos inéditos. Belém: IOE, 2016.

HALL, S. *A identidade cultural na pós-modernidade*. 11. ed. Rio de Janeiro: DP&A, 2011.

HAMILAKIS, Y. *Arqueología y los sentidos*: Experiencia, Memória y Afecto. Madri: JAS Arqueología Editorial, 2015.

HOBSBAWN, E.; RANGER, T. *A invenção das tradições*. Rio de Janeiro: Paz e Terra, 1997.

HODDER, I. *Symbols in action*: ethnoarchaeological studies of material culture. Cambridge: Cambridge University Press, 1982.

HODDER, I. *Interpretación en Arqueología*: Corrientes Actuales. Crítica, 1994.

HOLTORF, C. *Archaeology Is a Brand!* The Meaning of Archaeology in Contemporary Popular Culture. Archaeopress. Oxford, 2007.

INGOLD, T. Trazendo as coisas de volta à vida: emaranhados criativos num mundo de materiais. *Horizontes Antropológicos*, Porto Alegre, v. 18, n. 37, p. 25-44, 2012.

KERN, D. C. *Viagem ao rio Mapuá, Ilha de Marajó, município de Breves-PA*, Belém: Museu Paraense Emílio Goeldi, 1997.

KERN, D. C. *Viagem ao rio Mapuá, Ilha de Marajó, município de Breves-PA*, Belém: Museu Paraense Emílio Goeldi, 1998.

JOHNSON, M. *Teoría Arqueológica, Una introducción*. Ariel História, 2000.

LACERDA, F. G. *Migrantes cearenses no Pará*: faces da sobrevivência (1889-1916). 2006. Tese (Doutorado em História) – Programa de Pós-graduação em História Social, Universidade de São Paulo, 2006.

LATOUR, B. Entrevista Bruno Latour. Por Marcelo Fiorini. *Revista Cult*, uol, n. 132, 2009. Disponível em: http://revistacult.uol.com.br/home/2010/03/entrevista--bruno-latour/. Acesso em: 11 jun. 2022.

LÉVI-STRAUSS, C. *Tristes Trópicos*. São Paulo: Editora Anhemhi, 1957. p. 48-58.

LÉVI-STRAUSS, C. *As estruturas elementares do parentesco*. Petrópolis: Vozes, 1982.

LIMA, T. A. De morcegos e caveiras a cruzes e livros: a representação da morte nos cemitérios cariocas do século XIX (estudo de identidade e mobilidade sociais). *Anais do Museu Paulista*. São Paulo, v. 2, n. 1, p. 87-159, 1994.

LIMA, T. A. Cultura material: a dimensão concreta das relações sociais. *Bol. Mus. Para. Emílio Goeldi. Cienc. Hum.*, Belém, v. 6, n. 1, p. 11-23, 2011.

LIMA, D. A construção histórica do termo caboclo: sobre estruturas e representações sociais no meio rural amazônico. *Novos Cadernos NAEA*, Belém, v. 2, n. 2, p. 5-32, 1999.

LIMA, H. P.; MORAES, B. Arqueologia e comunidades tradicionais na Amazônia. *Ciência e Cultura*, São Paulo, v. 65, n. 2, p. 39-42, 2013. Disponível em: http:// cienciaecultura.bvs.br/pdf/cic/v65n2/15.pdf. Acesso em: 20 maio 2018.

LIMA, F. A. de O. *Os soldados da Borracha:* das vivências do passado a lutas contemporâneas. 2013. Dissertação (Mestrado em História) – Programa de Pós-graduação em História, Universidade Federal do Amazonas, Manaus, 2013.

LITTLE, P. E. Territórios sociais e povos tradicionais no brasil: por uma antropologia da territorialidade. *Série Antropologia*. 2002, p. 2-32 Disponível em: www. nute.ufsc.br/bibliotecas/upload/paullittle.pdf. Acesso em: 20 mar. 2018.

LOPES, R. W. C. *O porto é porta e memória*: análise da diversidade religiosa no interior da Amazônia, 2012. Disponível em: www.abhr.org.br/plura/ojs/index. php/anais/article/view/655/548. Acesso em: 24 abr. 2022.

MACHADO, J. S. *Lugares de gente*: mulheres, plantas e redes de troca no delta amazônico. 2011. Tese (Doutorado em Antropologia) – Programa de Pós-graduação em Antropologia Social, Museu Nacional, Universidade Federal do Rio de Janeiro, 2011.

MARTINS, C. P.; SILVA, W. F. da V. e; PORTAL, V. L. M. Viagens ao passado da Ilha: vestígios arqueológicos em vozes e percepções de marajoaras. *In:* SCHAAN, D P.; MARTINS, C. P. (org.). *Muito além dos campos*: arqueologia e história na Amazônia Marajoara. Belém: GKNORONHA, 2010, p. 137-144

MAUSS, M. *Sociologia e Antropologia*. São Paulo: Ubu Editora, 2017.

MAUÉS, R. H. Medicinas populares e "pajelança cabocla" na Amazônia. *In:* ALVES, P. C.; MINAYO, M. C. S., (org.). *Saúde e doença*: um olhar antropológico [on-line]. Rio de Janeiro: Editora FIOCRUZ, 1994.

MAUÉS, R. H. Um aspecto da diversidade cultural do caboclo amazônico: a religião. *Estudos Avançados*, São Paulo, v. 19, n. 53, p. 259-274, 2005.

MAUÉS, R. H. *Comunidades "no sentido social da evangelização"*: CEBS, camponeses e quilombolas na Amazônia oriental brasileira. [*S. l.*], 2010. Disponível em: https://www.scielo.br/j/rs/a/WkgzGH38JgTZ9Dr5ywnYfbL/?lang=pt. Acesso em: 20 jul. 2022.

MAW, H. L. *Narrativa da passagem do Pacífico ao Atlântico, através dos Andes nas Províncias do norte do Peru, e descendo pelo Rio Amazonas, até ao Para*. Liverpool: F. B. Wright. 1831.

MEGGERS, B J. *Amazônia*: a ilusão de um paraíso. Belo Horizonte: Itatiaia; São Paulo: Editora da Universidade de São Paulo, 1957.

MEGGERS, B. J.; EVANS JR., C. *Uma interpretação das culturas da Ilha de Marajó*. Belém: Instituto de Antropologia e Etnologia do Pará, 1954.

MELO, W. R. S. de. *Tempos de Revolta no Brasil oitocentista*: ressignificação da cabanagem no Baixo Tapajós (1831-1840). Dissertação (Mestrado em História) – Programa de Pós-graduação em História, Universidade Federal de Pernambuco, Recife, 2015.

MIGNOLO, W. *Desobediência epistêmica*. Retórica de la modernidade, lógica de la colonialidade y gramatica de la descolonialidad. Buenos Aires: Eldiciones del Signo, 2010.

MIRANDA NETO, M. J. de. *Marajó:* desafio da Amazônia, aspectos da reação a modelos exógenos de desenvolvimento. Rio de Janeiro: Record, 1976.

MILLER, D. *Trecos, troços e coisas*: estudos antropológicos sobre a cultura material. Rio de Janeiro: Jorge Zahar, 2013.

MORAIS, J. G. Lápides do século XIX: trajetórias de vida e expressões de sentimento no cemitério (da Irmandade) Santo Antônio em Campo Maior – Piauí. *Vozes, Pretérito & Devir*, [*S. l.*], v. VII, n. I, p. 250-267, 2017.

MUNIZ, T. S. A. Arqueologia histórica e contemporânea na Amazônia: por uma arqueologia elástica. *Cadernos do Lepaarq*, [*S. l.*], v. XVII, n. 34, p. 272-289, 2020.

NORA, P. Entre História e Memória – a problemática dos lugares. *Projeto História 10*, PUC-SP, 1993. p. 7-28. Disponível em: www.pucsp.br/projetohistoria/downloads/revista/PHistoria10.pdf. Acesso em: 18 fev. 2019.

OREJAS, A. Territorio, análisis territorial y arqueología del paisaje: Temito y, territorial analysis and Ladscape Archaeology. *Stvd. hisr. H" antig.* Salamanca, v. 13, n. 14, p. 61-68, 1995-96.

PACHECO, A. S. *En el corazón de la Amazonia*: identidade, saberes e religiosidade no regime das águas. 2009. Tese (Doutorado em História Social) – Programa de Pós-graduação em História Social, Pontifícia Católica de São Paulo, São Paulo, 2009.

PACHECO, A. S. Ecos da cabanagem no Marajó – Entrevista. Amazônia viva, Belémp. 52-53, 31 jan. 2018.

PACHECO, A. S.; SILVA, J. L. S. Representações e Interculturalidades em Patrimônios Marajoaras. Museologia e Patrimônio - *Revista Eletrônica do Programa de Pós-Graduação em Museologia e Patrimônio* – Unirio/MAST, v. 8, n. 1, p. 93-118, 2015.

PANTOJA, M. C. *Os Milton*: cem anos de história nos seringais. 2. ed. Rio Branco-AC: EDUFAC, 2008.

PORTELLI, A. Tentando aprender um pouquinho: algumas reflexões sobre a ética na História Oral. *Proj. História*, São Paulo, v. 15, n. 1, p. 13-49, 1997.

PRATT, M. L. *Os olhos do império*: relatos de viagens e transculturação. Bauru: EDUSC, 1999.

RICCI, M. Cabanagem, cidadania e identidade revolucionária: o problema do patriotismo na Amazônia entre 1835 e 1840. *Tempo*, Niterói, n. 22, p. 5-30, 2006.

RIZZINI, I; CASTRO, M. R. de; SARTOR, C. S. D. *Pesquisando*: guia de metodologias de pesquisa para programas sociais. Rio de Janeiro: USU Ed. Universitária, 1999.

ROOSEVELT, A. C. Arqueologia Amazônica. *In:* CUNHA, M. C. (org.). *História dos índios no Brasil*. São Paulo: Companhia das Letras, 1992.

SAMUEL, R. Teatros de memória. *Projeto História*, São Paulo, v. 14, n. 1, p. 41-81, 1997. Disponível em: https://revistas.pucsp.br/index.php/revph/article/view/11234/8241. Acesso em: 20 out. 2020.

SANTOS, S. C. dos. *Cabanagem*: crise política e situação revolucionária. 2004. Dissertação (Mestrado em Ciência Política) – Programa de Pós-graduação em Ciência Política, Universidade Estadual de Campinas, São Paulo, 2004.

SILVEIRA, M. I. da; SCHAAN, D. P. (2005). Onde a Amazônia encontra o mar: estudando os sambaquis do Pará. *Revista de Arqueologia*, [*S. l.*], v. 18, p. 67-79. Disponível em: https://revista.sabnet.org/ojs/index.php/sab/article/download/205/387/556. Acesso em: 15 mar. 2022.

SCHAAN, D. P. *A linguagem iconográfica da cerâmica marajoara*. 1996. Dissertação (Mestrado em História) – Programa de Pós-Graduação em História, Pontifícia Universidade Católica do Rio Grande do Sul, 1996.

SCHAAN, D. P. "Investigando o gênero e organização social no espaço ritual e funerário Marajoara". *In: XII Congresso da Sociedade de Arqueologia Brasileira*, São Paulo, 2003. Disponível em: https://www.academia.edu/17565770/Investigando_G%C3%AAnero_e_Organiza%C3%A7%C3%A3o_Social_no_Espa%C3%A7o_Ritual_e_Funer%C3%A1rio_Marajoara. Acesso em: 22 jun. 2022.

SCHAAN, D. P. A arte da cerâmica marajoara: encontros entre o passado e o presente. *Revista Habitus*, Goiânia, v. 5, n. 1, p. 99-117, 2007.

SCHAAN, D. P. *Cultura Marajoara*. Rio de Janeiro: Senac Nacional, 2009a.

SCHAAN, D. P. *Marajó*: arqueologia, iconografia, história e patrimônio. Erechim: Habilis, 2009b.

SCHAAN, D. P. Reflexões de uma arqueóloga e mulher na Amazônia. *In:* FUNARI, P. P. DOMINGUEZ, L.; CARVALHO, A. V. de; RODRIGUES, G. B (org.). *Desafios da arqueologia*: depoimentos. Erechim: Habilis, 2009c. p. 89-99.

SCHAAN, D. P. Paisagens, imagens e memórias da Amazônia Pré-colombiana. *In:* SILVEIRA, F.L. de A. da; CANCELA, C. D. (org.). *Paisagem e cultura*: dinâmica do patrimônio e da memória na atualidade. Belém: Edufpa, 2009d. p. 7-22.

SCHAAN, D. P.; MARQUES, F. Por que não um filho de Joanes? Arqueologia e comunidades locais em Joanes, Ilha de Marajó. *Revista de Arqueologia*, [*S. l.*], v. 25, n. 1, p. 106 -124, 2012.

SCHÁVELZON, D.; FRAZZI, P.; CARMINATI, M.; CAMINO, U. Borrachos en la patagonia: clasificando envases de gres y sus problemas. *In:* ODLANYER, H. de L. (org.). *Arqueología histórica en América Latina*: perspectivas desde Argentina y Cuba. Buenos Aires: el autor, 2011.

SHANKS, M. *et al. Interpreting Archaeology*: Finding meaning in the past. ROUTLEDGE: London and New York, 1996.

SHANKS, M.; TILLEY, C. *Social Teory and Archaeology*. CUP Archive, 1987.

SILVA, F. A. Território, lugares e memória dos Asurini do Xingu. *Revista de Arqueologia*, [S. l.], v. 28, n. 1, p. 2841, 2013.

SILVA, J. da S. e. *Cartografia de afetos na encantaria*: narrativas de mestres da zona bragantina. 2015. Tese (Doutorado de Antropologia) – Programa de Pós-graduação em Antropologia, Universidade Federal do Pará, Belém, 2015.

SILVEIRA, F. L. de A. da. A paisagem como fenômeno complexo, reflexões sobre um tema interdisciplinar. *In:* SILVEIRA, F.L. de A. da; CANCELA, C. D. (org.). *Paisagem e cultura*: dinâmica do patrimônio e da memória na atualidade. Belém: Edufpa, 2009. p. 71-86.

SIMÕES, M. F. Resultados preliminares de uma prospecção arqueológica na região dos rios Goiapi e Camara (Ilha de Marajó). *Atas do Simpósio sobre a Biota Amazônica*, n. 2, p. 207- 224, 1967.

SOUZA, R. de A. Grés, vinho e imigração: arqueologia de uma produção vitivinícola, São Paulo, 1920-1950. *Bol. Mus. Para. Emílio Goeldi. Cienc. Hum.* Belém, PA, v. 8, n. 1, p. 39-58, 2013. Disponível em: http://www.scielo.br/pdf/bgoeldi/v8n1/v8n1a03.pdf. Acesso em: 25 out. 2022.

SPIVAK, G. C. *Pode o subalterno falar?* Belo Horizonte: Editora UFMG, 2014.

TILLEY, C. *Material Culture and Text*. The Art of Ambiguity. London: Routledge, 1991.

TROUFFLARD, J. *Testemunhos funerários da ilha do Marajó no museu Dr. Santos rocha e no museu nacional de etnologia – interpretação arqueológica*. 2010. Dissertação (Mestrado em Ciência Social) – Programa de Pós-graduação da Faculdade de Ciências Sociais e Humanas, Universidade Nova de Lisboa, 2010. Disponível em: https://run.unl.pt/bitstream/10362/5570/1/TROUFFLARD%202010.pdf. Acesso em: 20 ago. 2022.

TOCANTINS, L. *O rio comanda a vida*: uma interpretação da Amazônia. Rio de Janeiro: Biblioteca do Exército, 1973.

VELTHEM, L. H. V. Farinha, casas de farinha e objetos familiares em Cruzeiro do Sul (Acre). *Revista de Antropologia*, São Paulo, USP, v. 50, n. 2, p. 605-631, 2007.

VIVEIROS DE CASTRO, E. Os pronomes cosmológicos e o perspectivismo ameríndio. *MANA*, v. 2, n. 2, p. 115-144, 1996.

WAGLEY, C. *Uma comunidade Amazônica*: estudo do homem nos trópicos. 3. ed. Belo Horizonte: Itatiaia: São Paulo: Editora da Universidade de São Paulo, 1988.

WEBER, M. *Economia e Sociedade*: fundamentos da sociologia compreensiva. Trad. Regis Barbosa e Karen Elsabe Barbosa. 4. ed. Brasília, Ed. Universidade de Brasília, 2009.

FONTES ORAIS

BORGES, Maria de Nazaré. Maria de Nazaré Borges [jun. 2017]. Eliane Miranda Costa, Rio Mapuá, Breves, PA, 2017.

COSTA, José Paulo da. José Paulo da Costa. [ago. 2017]. Entrevistadora: Eliane Miranda Costa, Rio Mapuá, Breves, PA, 2017.

DE PAULA, Vitória Nogueira. Vitória Nogueira de Paula. [ago. 2017]. Entrevistadora: Eliane Miranda Costa, Rio Mapuá, Breves, PA, 2017.

FÉLIX, Antônio. Antônio Félix. [nov. 2017]. Eliane Miranda Costa, Rio Mapuá, Breves, PA, 2017.

FREITAS, Antônio Bontá de. Antônio Bontá de Freitas. [ago.2017]. Eliane Miranda Costa, Rio Mapuá, Breves, PA, 2017.

FREITAS, Antônio de Souza. Antônio de Souza Freitas. [ago.2017]. Eliane Miranda Costa, Rio Mapuá, Breves, PA, 2017.

GOMES, Lourival Tavares. Lourival Tavares Gomes. [ago. 2017]. Eliane Miranda Costa, Rio Mapuá, Breves, PA, 2017.

GONÇALVES, Antônio Ferreira. Antônio Ferreira Gonçalves. [nov. 2017]. Eliane Miranda Costa, Rio Mapuá, Breves, PA, 2017.

GONÇALVES, Maria Imerata. Maria Imerata Gonçalves. [ago. 2017]. Eliane Miranda Costa, Rio Mapuá, Breves, PA, 2017.

HORTA, Manoel Oliveira. Manoel Oliveira Horta. [ago.2017]. Eliane Miranda Costa, Rio Mapuá, Breves, PA, 2017.

HORTA, Sebastião. Sebastião Horta. [ago. 2017]. Entrevistadora: Eliane Miranda Costa, Rio Mapuá, Breves, PA, 2017.

HORTA, José. José Horta. [ago. 2017]. Entrevistadora: Eliane Miranda Costa, Rio Mapuá, Breves, PA, 2017.

LOBATO, Irene Rodrigues. Irene Rodrigues Lobato. [ago.2017]. Eliane Miranda Costa, Rio Mapuá, Breves, PA, 2017.

MIRANDA, Jorge da. Jorge da Silva Miranda. [ago. 2017]. Entrevistadora: Eliane Miranda Costa, Rio Mapuá, Breves, PA, 2017.

MIRANDA, Orlando da Silva. Orlando da Silva Miranda. [ago. 2017]. Entrevistadora: Eliane Miranda Costa, Rio Mapuá, Breves, PA, 2017.

MORAES JR., Nazareno Horta. Nazareno Horta Moraes Jr. [ago. 2017]. Entrevistadora: Eliane Miranda Costa, Rio Mapuá, Breves, PA, 2017.

NASCIMENTO, Aldo Leão do. Aldo Leão do Nascimento. [fev.2018]. Entrevistadora: Eliane Miranda Costa, Breves, PA, 2018.

NASCIMENTO, Joana Freitas. Joana Freitas do Nascimento. [ago. 2017]. Eliane Miranda Costa, Rio Mapuá, Breves, PA, 2017.

NASCIMENTO, Joaquim Rodrigues. Joaquim Rodrigues do Nascimento. [ago. 2017]. Eliane Miranda Costa, Rio Mapuá, Breves, PA, 2017.

NASCIMENTO, Maria Freitas do. Maria Freitas do Nascimento. [ago. 2017]. Entrevistadora: Eliane Miranda Costa, Breves, PA, 2017.

OLIVEIRA, Pedro Gonçalves. Pedro Gonçalves Oliveira. [ago. 2017]. Entrevistadora: Eliane Miranda Costa, Rio Mapuá, Breves, PA, 2017.

PINTO, Roque. Roque Pinto. [nov. 2017]. Entrevistadora: Eliane Miranda Costa, Rio Mapuá, Breves, PA, 2017.

SANTOS, Maria Mendes. Maria Mendes Santos [ago. 2017]. Eliane Miranda Costa, Rio Mapuá, Breves, PA, 2017.

SILVA, Francisco Rodrigues da. Francisco Rodrigues da Silva. [ago. 2017]. Entrevistadora: Eliane Miranda Costa, Rio Mapuá, Breves, PA, 2017.

SILVA, Josimar Conceição da. Josimar Conceição da Silva. [jun. 2016]. Eliane Miranda Costa, Rio Mapuá, Breves, PA, 2016.

SILVA, Maria Madalena da. Maria Madalena da Silva. [maio. 2014]. Eliane Miranda Costa, Rio Mapuá, Breves, PA, 2014.

SOARES, Nelson. Nelson Soares. [nov. 2017]. Entrevistadora: Eliane Miranda Costa, Breves, PA, 2017.

TAVERES, Irene Horta. Irene Horta Tavares. [ago. 2017]. Eliane Miranda Costa, Rio Mapuá, Breves, PA, 2017.

ANEXO

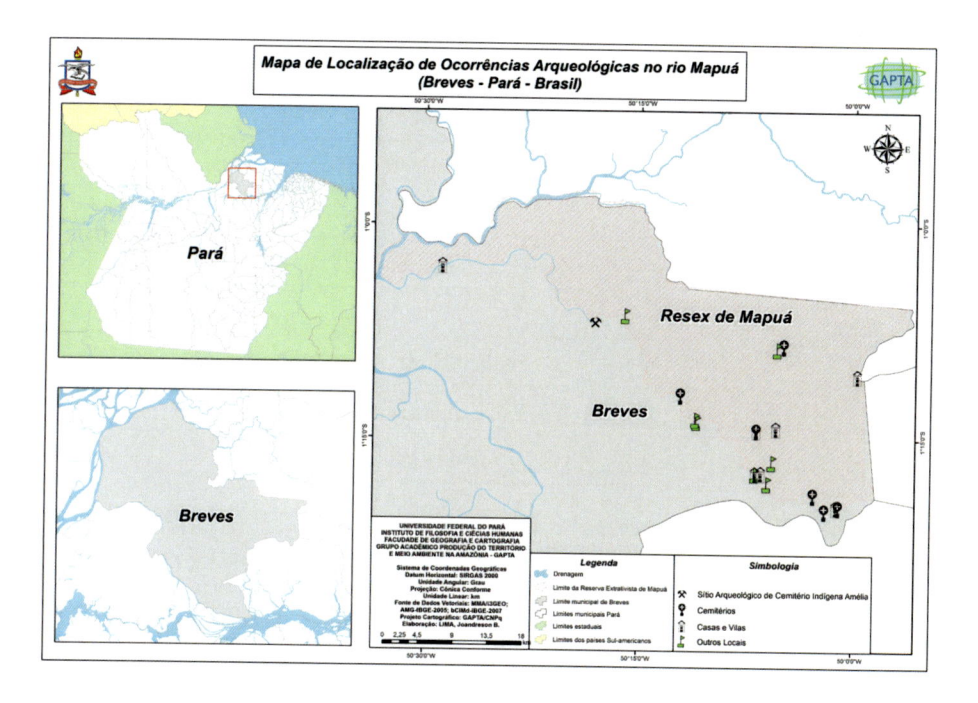

LEGENDAS		
		Sítio Arqueológico de Cemitério Indígena Amélia
		Cemitério Santo Antônio
		Cemitério Canaticum
		Cemitério "Tu Já"
		Cemitério São Sebastião
		Cemitério Pau Rosa
		Cemitério Santa Rita

LEGENDAS
Casa Familiar Rural
Casa Coronel Lourenço Borges
Vila Santa Rita
Casa em ruína (Canta Galo)
Casa de Farinha (Lago do Jacaré)
Casa em ruína (Juarez Miranda)
Casarão Santa Rita
Trincheira
Terra Alta (Serraria do Chiquinho)
São Gabriel
Canta Galo II (Vila)
Canoa Velha
Serraria do Chiquinho
Cruz Milagrosa